AF320666

SIMPLES NOTIONS

DE

L'ORDRE SOCIAL

A L'USAGE DE TOUT LE MONDE

PAR

A. E. CHERBULIEZ

Professeur d'Économie politique et de Droit public
à l'académie de Genève et au Polytechnicon de Zurich.

2ᵉ ÉDITION.

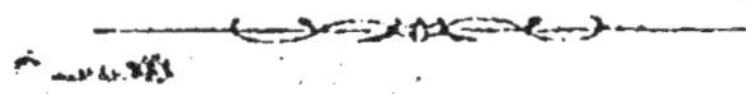

PARIS

LIBRAIRIE GUILLAUMIN ET Cⁱᵉ

Éditeurs du *Journal des Économistes*, de la *Collection des principaux Économistes*,
du *Dictionnaire de l'Économie politique*, du *Dictionnaire du Commerce
et de la Navigation*, etc.

RUE RICHELIEU, 14

ENSEIGNEMENT DE L'ÉCONOMIE POLITIQUE

OUVRAGES ÉLÉMENTAIRES

emières notions d'économie politique, sociale ou ndustrielle, suivies de *Ce qu'on voit et ce qu'on ne voit pas*, ar Frédéric Bastiat; de la *Science du Bonhomme Richard*, par Benmin Franklin, et d'un *Vocabulaire de la langue économique*, etc., ar M. Joseph Garnier, de l'Institut, professeur à l'École des Ponts Chaussées, rédacteur en chef du *Journal des Economistes*, 5e édit. vol. in-18. Prix. ... **2 fr. 50**

qu'on voit et ce qu'on ne voit pas, ou l'Économie polique en une leçon, par F. Bastiat, 4e édition. Broch. in-16. Prix. **25 c.**

écis élémentaire d'économie politique, par Blanqui, de Institut, suivi du **Résumé de l'histoire du commerce**, par même. 2e édition 1 vol. gr. in-18. Prix. **2 fr. 50.**

nples notions de l'ordre social, à l'usage de tout le onde, par A.-E. Cherbuliez, professeur d'économie politique et de roit public. 2e édition. 1 vol. gr. in-18. Prix. **75 c.**

nuel d'économie politique, par M. H. Baudrillart, membre e l'Institut, ex professeur au Collège de France. 4e édition. 1 fort l. in-18. — Premier prix Montyon, décerné par l'Académie franaise. Prix. **4 fr.**

ulté sommaire d'économie politique, par M. J.-G. Courlle-Seneuil. 1 vol. in-12. Prix. **2 fr.**

ulté élémentaire d'économie politique, par M. Pierret. vol. in-18. Prix. **3 fr.**

ulté élémentaire d'économie politique, par M. H. Rozy. vol. in-18. Prix. **3 fr.**

s bases naturelles de l'économie sociale. Résumé d'un urs public fait à Lyon, par M. H. Dameth, professeur d'économie litique à Genève. 1 vol. in-18. Prix. **1 fr. 50**

rs d'économie industrielle à l'école municipale urgot. — Instructions graduées, par M. Paul Coq, maître conférences. 1 vol. in-18. Prix : 4 fr.; cartonné. **4 fr. 50**

nuel populaire de morale et d'économie politique, r M. J.-J. Rapet, inspecteur général de l'instruction primaire, à ris. 3e édition. 1 fort. vol. gr. in-18. — Prix extraordinaire de ,000 fr. proposé par l'Académie des sciences morales et politiques. ix. **3 fr. 50**

tretiens d'un fabricant avec ses ouvriers, sur l'Ecomie *politique et la Morale*, par M. A. Rivier, juge au tribunal vil de Grenoble. 1 très joli volume gr. in-18. Prix. **3 fr.**

Tout par le travail. Manuel de Morale et d'Économie politique, par A. Leymarie. 2e éd. 1 vol. in-18. Prix.   3 fr.

Traité d'économie politique, par J.-B. Say, 8e édit. 1 seul et très beau vol. gr. in-18. Prix.   5 fr.

Traité d'économie politique, sociale ou industrielle. Exposé didactique des principes et des applications de cette science avec des développements sur le crédit, les banques, le libre-échange, la protection, l'association, les salaires, par M. Joseph Garnier, membre de l'Institut, professeur à l'École des ponts et chaussées. Adopté dans plusieurs écoles ou universités. 8e édition. 1 très fort vol. in-18 de 784 pages. Prix.   7 fr. 50

Leçons élémentaires d'économie politique, par M. J.-G. Courcelle-Seneuil. 1 vol. in-12. Prix.   2 fr.

Recherches sur la nature et les causes de la richesse des nations, par Adam Smith. — Nouvelle édition. 2 volumes in-8 Prix.   16 fr.

Cours d'économie politique fait au Collège de France, par Rossi, 4e édition. 4 vol. in-8. Prix.   30 fr.

Précis de la science économique et de ses principales applications, par M. A.-E. Cherbuliez, correspondant de l'Institut, professeur à l'École polytechnique fédérale de la Suisse. 2 vol in-8. Prix.   15 fr

Cours d'économie politique, par M. G. de Molinari, ancien professeur au Musée de l'Industrie belge. 2e édit. 2 vol. in-8. Prix.   15 fr

Traité théorique et pratique de l'économie politique par J.-G. Courcelle-Seneuil. 2e édit. 2 vol. in-8. Prix.   15 fr

Principes d'économie politique, par John Stuart Mill. 2e édit 2 vol. in-8. Prix.   16 fr

Œuvres choisies de Frédéric Bastiat, comprenant les **Sophismes économiques**, les **Petits Pamphlets** et les **Harmonies économiques**. 3 volumes in-8. Prix.   10 fr. 50

Histoire de l'Économie politique, depuis les anciens jusqu'à nos jours, suivie d'une *Bibliographie raisonnée de l'économie politique*, par Blanqui, membre de l'Institut. 3e édition. 2 beaux vol in-18. Prix.   6 fr

Introduction à l'Étude de l'économie politique. Cours public professé à Lyon sous les auspices de la Chambre de commerce, par M. Dameth, professeur d'économie politique à l'Académie de Genève. 2e édition. 1 vol. in-8. Prix.   7 fr. 5

Saint-Denis. — Imp. Ch. Lambert, 17, rue de Paris.

SIMPLES NOTIONS

DE

L'ORDRE SOCIAL

OUVRAGES DU MÊME AUTEUR.

Simples notions de l'ordre social. 1 vol. in-18. . . . . » 75
Précis de la science économique et de ses principales applications.
    2 vol. in-8. . . . . 15 »
Étude sur les causes de la misère. 1 vol. in-18. . . . . 2 50

SAINT-DENIS. — IMPRIMERIE CH. LAMBERT, 17, RUE DE PARIS.

SIMPLES NOTIONS

DE

L'ORDRE SOCIAL

A L'USAGE DE TOUT LE MONDE

PAR

A. E. CHERBULIEZ

Professeur d'Économie politique et de Droit public
à l'académie de Genève et au Polytechnicon de Zurich.

2ᵉ ÉDITION.

PARIS

LIBRAIRIE GUILLAUMIN ET Cⁱᵉ

Éditeurs du *Journal des Économistes*, de la *Collection des principaux Économistes*,
du *Dictionnaire de l'Économie politique*, du *Dictionnaire du Commerce
et de la Navigation*, etc.

RUE RICHELIEU, 14

—

1881

AVIS DES ÉDITEURS

L'auteur de ces *Simples notions de l'Ordre social*, Cherbuliez (Antoine-Élysée) était né à Genève en 1797 ; il est mort à Zurich en mars 1869.

Il professait l'économie politique et le droit public à l'Académie de Genève avant 1848, et en dernier lieu au Polytechnicon de Zurich. Il avait été élu correspondant de l'Académie des sciences morales et politiques en 1859.

A la fois très savant et très convaincu, Cherbuliez a tenu un rang des plus distingués parmi les publicistes et les économistes contemporains.

PRÉFACE DE L'AUTEUR

La lettre anonyme ci-après, que j'ai reçue le 31 juillet dernier, me fournit pour ce livre la meilleure des préfaces, en ce qu'elle démontre, mieux que ne le pourrait faire aucun raisonnement, combien il importe de propager et de mettre à la portée de tout le monde la connaissance des principes sur lesquels repose l'ordre social.

MONSIEUR,

Après tant d'outrages et de persécutions accumulés sur le peuple et sur ses prophètes, je me suis senti percé d'une blessure nouvelle à la vue du placard qui annonçait votre brochure. Vous ignorez ou vous voulez ignorer du socialisme ; sans doute, vous n'avez jamais souffert, et peut-être êtes-vous soudoyé par les hommes sauvages qui n'ont pas craint de verser des flots d'un sang précieux au profit de leur égoïste ambition ; peut-être encore convoitez-vous une bonne place ou seulement un gain sordide. Vous me faites horreur, Monsieur, comme tous ceux qui baisent les mains sanglantes des meurtriers du peuple ; c'est une bien infâme lâcheté que de frapper des adversaires à qui on ne laisse pas même le droit de se défendre (1). Si je vous croyais un reste d'honneur ou de sensibilité, je vous dirais : Au nom de l'humanité souffrante, au nom des peuples malheureux de tous les pays, mettez de côté le vandalisme de l'intérêt individuel ; faites ce que j'ai fait quand j'étais, moi aussi, antisocialiste ; étudiez de bonne foi et avec votre conscience les doctrines socialistes et surtout celles de l'Icarie ; si vous admirez le Christ, rappelez-vous qu'il était éminemment socialiste, et que les premiers chrétiens, socialistes comme lui, ont été persécutés comme le sont ceux d'aujourd'hui. Voyez, le genre humain est courbé, depuis six mille ans, sous le poids de la douleur et de la misère, et vous le foulez aux pieds pour finir de l'écraser ; c'est être bien coupable que de s'unir ainsi au petit nombre de ceux qui ont accoutumé d'être ses bourreaux, pour vivre de ses sueurs et s'enrichir de sa substance. La barbarie n'est pas à rendre l'existence plus douce pour tous, mais à perpétuer les souffrances de tous au profit d'une caste ou d'une coterie. Oh ! la barbarie, c'est l'exploitation de l'homme par une poignée de tigres affamés d'or et d'honneurs. Dites si, dans l'histoire de France,

(1) La brochure dont il est ici question, *Le socialisme c'est la barbarie*, a paru dès le mois d'avril 1849, c'est-à-dire à une époque où le socialisme pouvait se considérer comme triomphant et où la presse jouissait d'une liberté illimitée.

même sous les tyrans les plus oppresseurs, il y eut jamais une plus effroyable et en même temps une plus injuste persécution ?

Je ne m'étends pas plus loin. Je suis peut-être long pour une simple lettre. S'il y a en vous quelque chose d'un honnête homme, votre cœur, votre bons sens et la vertu offensée vous en diront plus que je ne pourrais le faire ; j'ai eu la pensée de réfuter votre brochure ; mais le silence est forcé devant le martyre qui menace les amis des hommes pour le bonheur desquels je sacrifierais volontiers ce que le ciel peut me réserver de bonheur sur cette terre qui est plutôt un enfer.

Agréez, Monsieur, l'expression de mon profond mépris pour tous ceux qui tuent leurs frères soit matériellement, soit moralement.

UN CITOYEN
QUI VEUT RESTER HONNÈTE HOMME.

Paris, 30 juillet 1848.

SIMPLES NOTIONS

DE L'ORDRE SOCIAL

A L'USAGE DE TOUT LE MONDE

CHAPITRE PREMIER.

L'homme isolé et l'homme social.

Si l'on transportait dans quelque île déserte une famille prise au hasard parmi les habitants de la terre de Van-Diemen ou parmi les Esquimaux, il n'en résulterait pour ces sauvages aucun changement d'existence, aucun dérangement d'habitudes et de genre de vie, pourvu que les circonstances locales de la situation et du climat se trouvassent à peu près les mêmes dans ce nouveau séjour que dans leur pays.

Les divers membres de la famille, une fois revenus de leur première surprise, éprouveraient les mêmes besoins que sous leur ciel natal, et ils y pourvoiraient de la même manière, par la chasse ou par la pêche, suivant les lieux. Ils obtiendraient, au prix des mêmes exercices corporels et du même déploiement d'intelligence qu'auparavant, leurs aliments ordinaires, les vêtements qu'ils sont dans l'usage de porter, la hutte de terre ou la case de joncs qui leur sert de demeure. La vie physique étant le seul but en vue duquel se soient développées leurs facultés tant intellectuelles que morales, et les conditions de cette vie n'ayant pas subi la moindre modification, il est évident que les sentiments et les idées de ces sauvages ne seraient pas plus altérés que leurs habitudes par cette transmigration forcée. Engagés dès leur naissance dans une lutte de tous les jours avec la nature, ils ne s'apercevraient d'un changement de position que si la nature leur présentait d'autres difficultés à vaincre, d'autres dangers à éviter, d'autres moyens de satisfaire leurs appétits naturels, que ceux qu'ils avaient connus jusqu'alors.

Faites subir la même transmigration à une famille de Français, et supposons que cette famille soit prise parmi celles que le défaut de fortune et d'éducation rend presque étrangères, en apparence, aux avantages de l'état social.

Nos émigrants sont, par exemple, des ouvriers

en soieries de la fabrique de Lyon. L'homme gagnait trois francs par jours à tisser du velours avec un métier loué ; la femme recevait un salaire de trente sous dans une manufacture de rubans ; les enfants étaient en apprentissage, ou allaient encore à l'école.

Quels changements incalculables va produire, dans l'existence de cette famille, l'isolement où vous la placez !

La plupart des aliments qui composent la nourriture ordinaire d'un ouvrier sont, quoique fort simples, le résultat d'une préparation industrielle. Le pain, le fromage, le lard, le sel, le vin, sont des objets manufacturés, c'est-à-dire des produits de la nature dont l'industrie a déjà modifié la substance ou la forme.

Quant aux vêtements et au logement, quelque chétifs qu'on veuille les supposer, il a fallu, pour les produire, le concours d'une multitude d'industries différentes.

Notre tisserand se trouve donc, pour tous les besoins de la vie matérielle, dans une situation dont sa vie précédente n'a pu lui donner aucune idée. En fabriquant du velours, il obtenait jadis tout ce qui lui était nécessaire. Aujourd'hui, non seulement il ne possède ni les instruments qui servent à cette fabrication, ni la matière première à laquelle son travail s'appliquait, mais eût-il toutes ces choses à sa disposition, il lui serait parfaitement inutile d'en faire usage, puisqu'il ne trouverait personne qui lui donnât, en échange de ses produits, les aliments, les vêtements, la demeure dont il a besoin.

Le voilà, s'il ne veut pas mourir de faim ou rester exposé aux injures de l'air, obligé de chercher lui-même sa nourriture, de lui faire subir les préparations dont elle ne peut se passer, de se procurer les matériaux d'une hutte qu'il construira lui-même, de tirer enfin, de la nature qui l'entoure, par ses propres forces et en se livrant à une quantité de travaux divers, ce qu'il obtenait de la société par l'exercice d'une seule industrie.

Ses besoins seront satisfaits autrement et plus mal qu'ils ne l'étaient auparavant et, en outre, sa vie entière aura subi une complète révolution. Au lieu d'un seul métier, il en fera peut-être dix, auxquels il avait été jusqu'alors parfaitement étranger. Il devra être tour à tour chasseur, pêcheur, bûcheron, charpentier, cuisinier, tailleur, cordonnier, laboureur, jardinier, etc. Mais, faisant ces divers métiers sans outils, pour la première fois et tous en même temps, il n'y sera guère habile et ne le deviendra point ; à peine pourra-t-il, dans les premiers jours, se pourvoir des choses les plus strictement indispensables à son existence et à celle de sa famille.

Si nous suivions l'ouvrier dans sa vie intellectuelle et morale, nous ne la trouverions guère moins transformée, par l'effet de l'isolement, que sa vie matérielle ; mais bornons-nous à constater les changements survenus dans celle-ci, car ils constituent à eux seuls une véritable métamorphose. L'homme social est presque devenu sauvage. Il ne lui reste de ses habitudes et de ses occupations antérieures qu'une incapacité corporelle, qui le rend inférieur de tous points au sauvage né. L'isolement, qui augmente les ressources et le bien-être du second, en lui permettant d'exploiter seul, à sa manière, une nature dont les produits pourraient suffire à toute une tribu, cet isolement sera, pour le premier, peut-être un arrêt de mort, dans tous les cas une cause de privations, de fatigues, de souffrances continuelles, jusqu'alors inconnues de lui.

C'est que le sauvage, transporté dans l'île déserte, n'a réellement pas changé de manière d'être. Son état antérieur n'était pas un état social. Il y avait coexistence, agrégation entre lui et ses semblables ; il n'y avait pas société. Il vivait avec eux sans leur être associé. L'état de nature, c'est un état d'isolement.

1.

Les changements que subit la condition de l'ouvrier tisserand transporté dans une île déserte nous indiquent donc nettement ce qui caractérise l'état social, ce qui le distingue de l'état de nature, que nous appellerons avec plus de raison l'état d'isolement.

Dans l'état social, chaque individu se livre à un seul genre de travail ; il obtient par l'échange les autres choses dont il a besoin ; il est approvisionné d'avance de ce qui lui est nécessaire pour travailler et pour vivre en travaillant.

Le développement de cette vérité fera le sujet du chapitre suivant.

CHAPITRE II.

Caractères de l'état social.

L'échange, la division du travail, l'approvisionnement, voilà donc ce qui caractérise essentiellement l'état social, et ces trois choses sont si intime-
ment liées entre elles, qu'aucune d'elles ne saurait
exister sans les deux autres.

Transporté dans son île déserte, notre tisserand
ne peut plus subsister de la même manière qu'auparavant, parce qu'il ne peut plus échanger son
velours contre les choses dont il a besoin, parce
qu'il est obligé de produire lui-même toutes ces
choses, parce qu'enfin il n'est approvisionné ni
des instruments ni des matières brutes nécessaires
à l'exercice de son industrie, ni des aliments qu'il
doit consommer pendant son travail.

S'il pouvait auparavant obtenir sa nourriture,
son logement, ses habits, en échange de son travail
ou des produits de son travail, c'est que d'autres

produisaient pour lui ces nécessités de la vie, tandis que lui ne produisait que du velours; c'est, en un mot, que le travail était divisé. Inversement ce qui rendait possible cette division du travail c'est que chacun pouvait échanger les produits de son industrie particulière contre ceux des autres industries. Mais ni l'échange, ni la division du travail n'auraient pu se réaliser, s'il n'y avait pas eu approvisionnement préalable des instruments et des matières premières propres à chaque industrie, ainsi que des choses nécessaires à la subsistance de chaque travailleur.

Ces trois choses, l'échange, la division du travail, l'approvisionnement, constituant l'essence de l'état social, plus elles se perfectionneront, plus l'état social deviendra parfait.

Ce perfectionnement s'appelle civilisation.

Une société est d'autant plus civilisée que l'échange y est plus facile, la division du travail plus complète, l'approvisionnement plus considérable.

Dans le progrès de la civilisation, la dépendance mutuelle des trois éléments dont elle se compose demeure la même qu'à l'origine. L'un de ces éléments ne peut pas se développer sans que les deux autres éprouvent un développement parallèle.

Dans un pays très civilisé, tel que la France, la production du moindre objet de luxe non seulement forme une industrie particulière, mais se partage souvent en plusieurs travaux distincts, à chacun desquels se voue exclusivement une catégorie d'ouvriers.

Il en est ainsi, par exemple, de la fabrication des cartes à jouer, où plus de quinze opérations successives sont exécutées par autant d'ouvriers distincts. Or, pour que la division du travail puisse être poussée à ce point, il faut que, dans une fabrique de ce genre, on puisse produire constamment une énorme quantité de cartes à jouer; autrement, chaque ouvrier ne pourrait pas être constamment occupé de l'opération à laquelle il se consacre ni, par conséquent, vivre de son travail. L'ouvrier qui ne fait que couper les cartes, celui qui se borne à y dessiner les figures en noir, celui dont le métier est de les passer en couleur, ne continueraient pas à exercer de telles professions, s'ils n'y trouvaient pas le salaire assuré de chaque jour.

De son côté, le fabricant de cartes à jouer ne pourrait pas en produire constamment une quantité considérable, s'il n'avait pas le moyen de les débiter, en les vendant à ceux qui en ont besoin, près de lui ou à des distances quelconques, c'est-à-dire, si la faculté d'échange n'avait pas atteint dans le pays un certain degré de perfection par l'usage de la monnaie, par celui des effets de crédit, par l'établissement de nombreuses voies de communication et de puissants moyens de transport.

Enfin, il n'est pas possible que le fabricant produise et vende beaucoup, s'il n'est amplement approvisionné de ce qui lui est nécessaire pour vivre, pour faire vivre ses ouvriers et pour fabriquer ses cartes.

Il peut sembler, au premier coup d'œil, que la division du travail ait pour effet de détériorer à certains égards l'homme social, en le rendant inférieur à l'homme isolé, de toute la distance que nous avons reconnu exister entre le tisserand et le sauvage placés dans une île déserte. Mais c'est là une pure illusion. L'infériorité du tisserand n'était que relative ; elle se rapportait à une situation exceptionnelle, dans laquelle l'homme social n'est jamais appelé à vivre, et pour laquelle, par conséquent, il est inutile que son éducation l'ait préparé d'avance.

Lorsqu'on veut comparer les deux états, il faut voir l'homme social dans la société et l'homme sauvage dans l'isolement. Alors, la civilisation apparaît comme un immense progrès, tant chez l'individu que chez la masse.

Considérez d'abord combien est monotone l'existence matérielle de l'homme isolé. Toujours sujet aux mêmes besoins, il les satisfait tous les jours de la même manière et par les mêmes moyens. Obligé de produire lui-même tout ce qui est nécessaire à sa subsistance et à celle de sa famille, comment pourrait-il introduire dans ces nécessités journalières la moindre variété, le moindre perfectionnement ? L'homme social, au contraire, trouve dans la division du travail le moyen d'accroître indéfiment ses forces productives, en les appliquant à un seul objet et en les développant dans une seule direction, ce qui le met en état de produire beaucoup plus que pour la satisfaction de ses propres besoins. Il lui est donc facile non seulement de se procurer en abondance les choses nécessaires, mais de les varier et de les perfectionner, de manière à satisfaire, outre les besoins naturels, une quantité de besoins factices dont l'homme de la nature n'a pas même l'idée.

A ne considérer que la qualité et la quantité des aliments, des meubles, des habits et des autres nécessités de l'existence matérielle, il y a moins de différence entre le seigneur le plus opulent et l'ouvrier le plus nécessiteux d'une société civilisée, qu'entre ce dernier et le chef le plus puissant d'une société sauvage.

Mais c'est principalement à l'égard de la vie intellectuelle que se manifeste la supériorité de l'homme social.

Le sauvage ne développe ses facultés qu'en vue de sa conservation et de sa défense personnelles, parce que ce sont là les grands intérêts de sa vie et qu'il est seul appelé à y pourvoir pour lui et pour sa famille. N'étant jamais libéré de la préoccupation d'un besoin présent ou très prochain dont il ne peut attendre la satisfaction que de ses propres efforts, il n'a ni le temps ni le goût d'appliquer son intelligence et sa raison à d'autres usages ; tandis que l'homme social, produisant beaucoup au delà de ce que réclament ses besoins présents et pouvant s'approvisionner longtemps d'avance de toutes les choses nécessaires à son existence matérielle, se procure des loisirs et une liberté d'action et de pensée, qui font naître en lui des besoins intellectuels et donnent l'essor à toutes ses facultés. L'amour du vrai et le sentiment du beau, devenant chez lui des mobiles aussi énergiques et aussi constants que ses appétits physiques, lui ouvrent une carrière illimitée de progrès et de sources inépuisables de jouissances.

Enfin, si nous comparons ces deux états de l'humanité au point de vue de la vie morale, le contraste ne nous paraît guère moins frappant.

L'homme isolé, par cela même qu'il manque de sécurité, de loisirs et de développement intellectuel, se livre peu aux impulsions du sens moral

Les besoins du cœur sont étouffés et neutralisés chez lui par ceux du corps, dont l'action n'est jamais suspendue ; les affections, demeurant à l'état d'instinct, ne se développent qu'autant qu'il le faut pour la conservation de l'espèce.

L'homme social, au contraire, assuré de son avenir, muni d'une intelligence active et développée, placé dans des conditions qui le dispensent d'un exercice continuel de ses forces physiques, éprouve des besoins moraux et apprend à les satisfaire. Ses affections s'épurent ; elles deviennent plus vives et plus profondes ; elles occupent une plus grande place dans sa vie.

A mesure que les êtres humains deviennent plus complets, leurs sympathies s'accroissent, leurs points de rapprochement se multiplient.

Rien ne caractérise mieux les deux états, rien ne donne une idée plus juste et plus complète de la distance qui les sépare au point de vue moral, que la condition de la femme chez les peuples sauvages et chez les nations policées. Traitée en esclave ou en bête de somme dans l'état de nature, la femme est devenue, pour l'homme civilisé, une compagne respectée, une amie, une égale.

Tels sont, dans leurs principaux traits, les avantages de l'état social, en tant qu'ils se manifestent dans la vie des individus. Que sera-ce quand nous

comparerons dans leur ensemble, dans leur
collective, les tribus sauvages avec les sociétés
vilisées ? La supériorité de celles-ci tient du merv
leux, et l'on aurait quelque peine à croire qu'u
même race d'hommes soit susceptible de ces de
manières d'être, si le fait n'était pas avéré, si no
n'avions pas, dans le passé et dans le présent, c
exemples nombreux d'une pareille métamorpho
opérée chez des hommes de toutes les races et
toutes les couleurs.

La différence gît dans ces deux points : le pr
mier, c'est que l'homme isolé n'agit sur la natu
qu'individuellement, tandis que l'homme soc
agit collectivement, ce qui est une conséquen
de la division du travail ; le second, c'est q
l'homme isolé n'étudie les forces de la nature q
pour échapper à leur action destructive et po
surmonter les obstacles qu'elles opposent à la s
tisfaction de ses besoins, tandis que l'homme soci
a trouvé le moyen de faire servir ces mêmes forc
à son usage et de convertir les agents naturels l
plus destructifs en instruments dociles de son i
telligence et de ses désirs.

Le sauvage se contente d'échapper autant qu'
peut, par ses propres forces, à l'action des él
ments et des êtres hostiles qui l'entourent ; l'homm
social tantôt les repousse, les écarte, les paralys

de telle sorte qu'il ne puisse plus rien en redouter, tantôt les dompte, les asservit, les transforme en auxiliaires de ses propres forces et s'approprie la puissance de la nature pour dominer la nature elle-même.

N'est-il pas vrai que nous devons nous féliciter et que nous pouvons nous enorgueillir d'appartenir à une société civilisée? N'est-il pas vrai que les avantages de l'état social sont mille fois préférables, pour ceux mêmes qui semblent y participer le moins, à la liberté absolue de l'état d'isolement, à cette égalité de misère et d'ignorance qui ne laisse pas même aux sociétés sauvages la faculté de comprendre et d'aimer le perfectionnement dont toute race humaine est susceptible ?

CHAPITRE III.

De la propriété.

Sans l'échange, point de division du travail, et sans l'approvisionnement, point de division du travail ni d'échange.

Pour que je puisse me livrer exclusivement à la production d'une chose déterminée, par exemple du velours, il faut que je sois certain de pouvoir échanger ce produit contre les autres choses qui me sont nécessaires; mais il faut aussi que je sois approvisionné de ces choses pendant que je me livre à mon travail, ainsi que de la matière à laquelle s'applique ce travail et des instruments à l'aide desquels il s'accomplit.

Ne l'oublions pas, l'échange, la division du travail, l'approvisionnement, ces trois éléments caractéristiques de l'état social, sont tellement inséparables et corrélatifs entre eux, qu'on ne peut se se les représenter existant séparément, et que, si

l'existence de l'un se trouve attachée à quelque
condition, cette condition en sera également une à
l'égard des autres ; ce sera une condition générale
de l'état social et de tout progrès vers la civilisation. Or, l'établissement de la propriété a précisé-
ment ce caractère.

Pour qu'il existe un approvisionnement quelconque, il faut que des membres de la société
aient produit plus qu'ils ne consommaient pour
leurs propres besoins. Mais par quel motif, dans
quel but et avec quelle espérance auront-ils produit
au delà de ce que réclamaient leurs appétits physiques du moment ? Leur motif n'a pu être que le
désir de pourvoir d'avance à leurs besoins futurs
ou de satisfaire des besoins présents autres que
leurs appétits physiques. Ils n'ont pu avoir d'autre
but que de se reposer plus tard en consommant le
produit de leur travail actuel, ou d'échanger ces
produits contre ceux d'une autre espèce qui peuvent répondre à d'autres besoins.

Dans tous les cas, par conséquent, ils ont dû
avoir l'espérance, disons mieux, la certitude que
ce produit superflu leur serait assuré, et que cet
excédent de travail, dont ils auraient pu s'abstenir, ne serait pas perdu pour eux, mais tournerait
à leur profit.

En un mot, ils n'ont pu créer l'approvisionne-

2.

ment dont il s'agit que pour en jouir eux-mêmes, et avec l'espérance d'en disposer exclusivement comme il leur plairait.

L'homme ne se livre à un travail quelconque, du corps ou de l'esprit, que sous la pression d'un besoin, soit de conservation, soit de jouissance. Égoïste et sensuel, il travail pour lui seul; bienveillant, sensible et doué d'une intelligence active, il travaille pour d'autres ; mais il a toujours une fin personnelle, car ses besoins intellectuels et moraux sont toujours les siens propres, et les efforts qu'il fait pour les satisfaire se rapportent toujours à son individualité, aboutissent toujours à une modification dans sa propre vie individuelle.

Il faut donc, pour qu'un approvisionnement puisse être créé, que la jouissance et la libre disposition en soient assurées à ceux qui l'auront produit, en d'autres termes, qu'ils en aient la propriété.

Le droit de propriété est ainsi une condition absolue de l'état social.

Et d'ailleurs, sans la propriété, point d'échanges, point de division du travail. L'échange suppose chez ceux qui l'accomplissent la libre disposition, c'est-à-dire la propriété des choses à échanger. La division du travail suppose, chez le travailleur, la faculté d'échanger ses produits, par conséquent d'en disposer librement.

La propriété est de l'essence des sociétés humaines aussi bien que l'échange, la division du travail et l'approvisionnement. Étant donnée une de ces quatre choses, les trois autres l'accompagnent inévitablement, et là où il en manque une, les autres ne peuvent pas exister.

Ce sont les besoins de l'homme qui le poussent à s'approvisionner et à perfectionner ses produits en s'appliquant à une seule espèce de travail; mais sans la propriété, l'effet de ce stimulant serait absolument nul, puisque rien ne rattacherait plus le travail accumulateur aux besoins qu'il est destiné à satisfaire. C'est le droit de propriété qui seul établit un lien entre les efforts de l'homme social et les besoins auxquels correspondent ces efforts.

Aussi, plus la propriété sera complète et certaine, plus le stimulant des besoins sera efficace et son action continue, de sorte que les progrès de la civilisation devront coïncider avec le perfectionnement des institutions qui établissent et garantissent la propriété.

Les annales de la race humaine confirment pleinement cette vérité. Partout où les hommes se sont élevés de l'état d'isolement à l'état social, leur premier pas a été l'établissement du droit de propriété. Partout où les sociétés, une fois constituées, ont marché de progrès en progrès dans la

carrière de la civilisation, cette marche a été ac-
compagnée de perfectionnements successifs dans
l'institution de la propriété. Partout enfin où la
civilisation s'est arrêtée, partout où elle a rétro-
gradé, l'explication de ce fait anormal se trouve
dans l'imperfection des lois qui fondent et garantissent la propriété.

Toutes les fois même que des hommes, appartenant à une société déjà formée, se sont vus appe-
lés à fonder une société nouvelle, avec une liberté
entière de lui donner de nouvelles formes et de
nouvelles bases, ils ont procédé ainsi que l'avaient
fait les premières associations humaines, en éta-
blissant comme pierre angulaire de leur édifice le
droit de propriété. De tous les colonisateurs, anciens ou modernes, qui ont entrepris une telle
œuvre sous tant d'influences diverses et dans un
esprit parfois si hostile aux lois de leur première
patrie, aucun n'a jamais aspiré, que je sache, aucun certainement n'a jamais réussi à organiser une
société régulière, durable, progressive, d'après un
autre principe que celui de la propriété. Il y a una-
nimité, sur ce point, dans les témoignages de l'expérience et dans les jugements du sens commun
de toutes les races humaines à toutes les époques.

C'est que l'institution de la propriété n'est pas
seulement une condition indispensable de toute ci-

vilisation, de tout perfectionnement de l'état social ; elle est, de plus, en parfait accord avec les sentiments de justice qui forment la conscience universelle de l'humanité..

En effet, sans la propriété, les choses qui en sont l'objet ne pourraient profiter à personne, car elles n'existeraient pas. C'est la propriété qui, en permettant au stimulant des besoins d'agir dans le sens de la production, fait naître ce surplus de produits, cet approvisionnement auquel s'applique le droit exclusif du producteur.

Qui pourrait avoir de meilleurs droits que ce producteur à une chose qui n'existe que parce qu'elle lui a été exclusivement attribuée, et qui n'a pu être produite *par lui* que sous la condition d'être produite *pour lui* ?

Il est vrai que la terre toute nue existe et se conserve indépendamment de toute institution humaine, et qu'il ne dépend pas de la propriété d'en accroître d'un seul pouce carré l'étendue naturelle. Mais cette étendue étant limitée, le nombre de ceux que la terre fait vivre ne saurait s'accroître sans qu'il devienne nécessaire de la cultiver régulièrement pour en tirer une quantité de produits suffisants. Or, cette culture exige des instruments et des semences ; elle exige de plus un travail opiniâtre dont les résultats ne s'obtiennent qu'après une lon-

gue attente. Le cultivateur doit donc être approvisionné de ce qu'il lui faut pour la culture et des
avances de toute espèce dont il a besoin pour vivre
en attendant la récolte.

Quel est le travailleur qui se chargera d'exploiter
cette terre en friche, d'y engloutir ses avances et d'y
consacrer ses peines, s'il n'est pas certain de recueillir et d'avoir à sa disposition les fruits qu'elle
produira, non seulement la première année, mais
les suivantes ?

L'existence de terres arables, préparées, telles enfin qu'elles doivent être pour fournir la subsistance
d'une population nombreuse, exige donc, comme
celle de tout autre approvisionnement, que la possession exclusive en ait été attribuée, sinon à perpétuité, au moins pour un long espace de temps, à
ceux qui les mettront en culture ; sans cela, il n'y
aura évidemment ni terres défrichées, ni approvisionnements accumulés, ni, par conséquent, de travail agricole possible.

Ce but, sans doute, pourrait être atteint, il l'a été
en divers temps et en divers lieux, par le moyen de
baux à long terme ou de contrats emphytéotiques
et par conséquent, sans l'établissement du droit de
propriété proprement dit. C'est là ce qui distingue
les fonds de terre de toute autre richesse. La société
aurait pu à la rigueur n'en attribuer la propriété à

personne, puisqu'il n'y a rien à faire pour les conserver et qu'on ne saurait les détruire. Mais aujourd'hui, la presque totalité des terres qui rapportent une rente représentent des capitaux considérables, que les détenteurs actuels ou leurs prédécesseurs y ont enfouis, et qui ne peuvent plus en être séparés (1).

Ainsi, le premier qui dit : Ce champ est à moi, loin de commettre une usurpation, fit à l'humanité le plus magnifique présent qu'elle pût recevoir d'une créature ; il lui donna le germe de toute richesse, de toute puissance, de toute civilisation.

Quant à ceux qui disent de nos jours : La propriété c'est le vol, je les engage à se demander de bonne foi ce que serait leur pays, ce qu'ils seraient eux-mêmes, si la propriété n'avait pas été fondée par leurs premiers pères et maintenue, à travers tant de siècles et tant de révolutions politiques, jusqu'à l'époque actuelle.

Au fond de ce paradoxe, si audacieux dans la forme, il n'y a rien qu'une misérable logomachie dont le moindre écolier ferait justice.

____

(1) Dans les pays où il existe encore de vastes territoires incultes et non appropriés, leur défrichement s'opère tantôt, comme aux États-Unis, sous le régime de la propriété, tantôt sous des régimes analogues à l'emphytéose, comme, par exemple, si je ne me trompe en Russie, où les terres en friche sont attribuées, sous le titre d'*arandes* (aranda), pour un laps de temps déterminé.

La propriété c'est le vol? Le vol de quoi? Aux dépens de qui?

Ce n'est pas le vol des choses appropriées, puisque ces choses n'auraient pas été produites si la propriété n'avait pas existé, et que dès lors, loin de les soustraire indûment, la propriété les a créées pour en enrichir la société entière.

Ce n'est pas un vol au préjudice de la société ou d'individus quelconques, puisque personne ne pouvait, avant l'établissement de la propriété, avoir acquis un droit sur des choses qui n'existaient pas encore et qui n'ont existé depuis que par l'effet de la propriété elle-même.

Un sophisme plus spécieux et, par conséquent plus redoutable, consiste à dire qu'il en doit être de la propriété comme il en a été de l'esclavage, du servage, des privilèges nobiliaires et de tant d'autres institutions, qui ont disparu successivement après avoir duré des siècles, et dont la suppresion, loin de rendre l'état social impossible, ainsi que le prétendaient ceux qui étaient intéressés à les maintenir, a évidemment accéléré les progrès de la civilisation et augmenté la puissance et le bien-être des sociétés humaines.

Mais on pourrait tout aussi logiquement, de ce qu'un homme se serait corrigé de certaines habitudes de paresse et d'intempérance, conclure qu'il perdra aussi, avec le temps, l'habitude de dormir et de manger.

L'institution de la propriété, étant beaucoup plus ancienne qu'aucune de celles dont la raison des temps modernes a fait justice, aurait dû, selon le cours naturel des choses, être supprimée avant ces dernières, si elle ne reposait pas sur d'autres fondements ; tandis que non seulement elle leur a survécu, mais elle s'est consolidée et perfectionnée par l'effet même de leur suppression.

La propriété est aujourd'hui mieux garantie, en France, qu'elle ne l'a jamais été contre les spoliations publiques et les violences particulières, contre l'arbitraire du gouvernement et les déprédations du fisc, contre les erreurs et le mauvais vouloir des administrations et des tribunaux.

La propriété s'est fortifiée, au lieu de s'affaiblir, par la réforme des abus auxquels une extension indue de son principe avait donné lieu, parce que dans la société, de même que chez l'individu, la suppression d'habitudes vicieuses tourne au profit des fonctions vitales.

La propriété, dans le corps social, remplit l'office du cœur ; elle y fait circuler la richesse et avec elle la vie. Est-elle menacée, aussitôt le corps social est saisi de terreur ; est-elle attaquée, il devient malade ; est-elle supprimée, il tombe en dissolution.

CHAPITRE IV.

La famille.

L'institution de la famille est commune à l'état d'isolement et à l'état social, parce qu'elle est fondée sur un instinct naturel qui, étant destiné à la propagation de l'espèce, n'a pas même été refusé aux animaux destitués de raison. Mais, dans l'isolement, la nature et la durée des rapports qui constituent la famille dépendent entièrement de la durée et de l'intensité des affections qui l'ont fondée ; tandis que, dans l'état social, ces rapports sont convertis en devoirs, et le terme auquel ils cesseront d'être obligatoires est fixé d'avance pour chaque membre de la famille.

Je n'ai pas à m'occuper de l'influence de cette institution sur le développement moral des individus ; je l'envisage uniquement ici comme institution sociale, pouvant agir et agissant en effet sur le développement matériel de la société, en d'autres termes, comme partie intégrante de cet ordre social que mon but est de faire connaître.

Ce que les lois et les mœurs de l'état social ajoutent à la famille naturelle se résume dans le mot responsabilité. Le père de famille est rendu responsable envers l'opinion, souvent envers les tribunaux, du sort et de la conduite de sa femme et de ses enfants ; et cette responsabilité dure, à l'égard de ceux-ci, au moins jusqu'à ce qu'ils soient majeurs ; à l'égard de la femme, jusqu'à ce que le mariage soit dissous.

Là se trouve proprement le germe de tout ce que devient la famille sous le régime de la civilisation. C'est cette responsabilité qui rend si vives et si durables les affections domestiques ; c'est elle qui maintient au delà du premier âge l'autorité des parents et la soumission des enfants ; mais surtout, et c'est ici le point de vue capital que je dois faire ressortir, c'est par cette responsabilité que, les besoins du chef de famille se trouvant accrus de tous ceux des autres membres qui la composent, la force du stimulant résultant de ces besoins s'accroît dans la même proportion.

Le premier travailleur qui sentit peser sur lui le fardeau d'une telle responsabilité, le premier auquel la société dit : Tu seras seul chargé et pour longtemps de pourvoir aux besoins de tes

enfants, quel que soit leur nombre, et à ceux de
ta femme, quels que soient tes sentiments pour
elle, celui-là inventa certainement quelque nouveau moyen de rendre son travail productif, ou
d'en perfectionner les produits, car tout ce qu'il
avait d'intelligence et d'activité dut être prodigieu-
sement sollicité et mis en œuvre par cet accroissement de besoins, par cette fusion intime de ses
intérêts journaliers avec ceux d'êtres auxquels une
bienveillance instinctive l'attachait déjà !

Et quand arrive l'âge du développement intellectuel, quand le père s'émeut d'un noble orgueil
à la pensée de laisser une postérité qui le fera ho-
norer après sa mort et qui élèvera son nom au-
dessus des autres noms, quel surcroît de stimulant pour ses facultés productives ! Il ne s'agit plus
seulement pour lui de satisfaire les besoins physiques de ses enfants ; il faut leur fournir les aliments de l'esprit, pourvoir au développement de
leur intelligence, cultiver leur raison et leur sens
moral.

Qui pourrait dire ce que les sociétés ont dû de
richesses et de progrès de tout genre à l'action
puissante de ces mobiles, auxquels l'esprit de famille et le sentiment de la responsabilité pouvaient seuls donner l'essor ?

Sans l'institution de la famille, celle de la propriété serait demeurée presque stérile ; elle eût à peine suffi pour faire traverser aux sociétés humaines ce premier stage de la civilisation, cet état social si imparfait, que l'on désigne sous le nom de barbarie, et où végètent encore les peuples de l'Orient chez lesquels la polygamie n'a pas permis à l'esprit de famille de se développer complètement, ni d'exercer l'action qui lui est propre.

Il a surgi de notre temps des rêveurs qui, dans leurs plans chimériques d'organisation sociale, ont fait abstraction de la famille, comme d'autres avaient fait abstraction de la propriété. Ainsi, les disciples de Fourier, les Phalanstériens, affranchissant le père de toute responsabilité à l'égard de sa femme et de ses enfants, et ceux-ci de toute dépendance envers lui, rendraient la société seule responsable de ce que ferait et de ce que deviendrait chacun de ses membres, depuis le moment de sa naissance jusqu'à celui de sa mort.

Il prétend, je le sais, ne pas détruire la famille ; à les entendre, ils ne font que la décharger d'obligations onéreuses, en lui conservant tous ses avantages. Dans leur phalanstère, disent-ils, le libre essor des passions naturelles suffirait pour faire naître ces rapports mutuels de protection et de dépendance que les lois et les mœurs des sociétés civilisées ont établis.

3.

Mais la famille serait plus radicalement détruite par la réalisation de cette monstrueuse utopie, que par un retour brusque à l'état d'isolement.

Chez les sauvages, en effet, la société n'existant pas comme être collectif et ne pouvant dès lors se charger de pourvoir aux besoins des femmes et des enfants, ni de les protéger en aucune façon, leur faiblesse relative les soumet nécessairement à la domination du père de famille, tandis que les affections instinctives de celui-ci leur assurent, aussi longtemps qu'ils ne peuvent s'en passer, son assistance et sa protection, soit dans les besoins auxquels ils sont sujets, soit dans les périls auxquels ils sont exposés.

La famille existe donc dans l'état d'isolement. Elle s'y trouve imparfaite et précaire, mais avec ses caractères essentiels et même avec une sorte de responsabilité, de fait, sinon de droit, pour celui qui en est le chef.

Dans le phalanstère, rien de semblable. La société, ou la phalange, y étant à tous égards substituée au père de famille, ne laisserait pas même naître ces sympathies et ces habitudes que la vie commune tend à produire, et qui tiennent lieu chez le sauvage du sentiment du devoir.

La famille n'y serait pas seulement altérée

dans ce qui en fait l'essence; elle y serait impossible, et l'humanité descendrait au-dessous du
point auquel nous la trouvons parvenue chez les
les races encore étrangères à toute civilisation.

CHAPITRE V.

L'hérédité.

Il est impossible d'arrêter son esprit sur les idées de la propriété et de la famille, sans être conduit à celle de l'hérédité qui en est le complément. Sans l'hérédité, en effet, les deux autres institutions seraient incomplètes et ne rempliraient qu'à moitié leur but.

Le producteur, stimulé par ses propres besoins et par ceux de sa famille, travaillerait sans doute pour les satisfaire dans le présent, lors même qu'il n'aurait point la possibilité de pourvoir d'avance aux besoins de ses enfants pour le temps où il aura cessé de vivre ; mais ses facultés actives ne seront-elles pas stimulées bien plus énergiquement, s'il lui est permis d'assurer par son travail actuel le bien-être de sa famille, s'il sait qu'une postérité, dans laquelle il s'imagine déjà revivre et se perpétuer, conservera de génération en génération les fruits de ce labeur et avec eux le souvenir du parent qui l'aura enrichie?

D'ailleurs, les producteurs ont deux choses à faire pour procurer à la société l'approvisionnement indispensable : l'une, c'est de produire plus qu'ils n'ont besoin de consommer; l'autre, c'est de consommer moins qu'ils ne produisent. Le producteur qui emploierait ses facultés actives avec toute l'ardeur et toute l'habileté dont il est capable, et qui, produisant ainsi beaucoup plus qu'il n'a besoin de consommer, consommerait cependant, pour des besoins raffinés ou factices, tout ce qu'il produirait, ne contribuerait d'aucune manière à l'approvisionnement futur de la société, puisqu'il lui enlèverait autant par sa consommation qu'il lui aurait donné par son travail.

En un mot, c'est au moyen de l'épargne que l'approvisionnement s'accumule.

Or, il serait fort à craindre, si les producteurs ne pouvaient étendre leur prévoyance au delà de le leur propre vie, que la plupart d'entre eux, et ceux-là mêmes qui seraient les plus disposés à faire des efforts de travail, ne s'abstinsent d'une épargne dont le produit ne devrait pas rester dans leur famille ni lui profiter. N'ayant aucun moyen d'accumuler pour une autre génération les fruits de leur activité, ils s'arrangeraient de manière à en jouir le plus possible avec la génération présente.

Ainsi, l'hérédité agit dans le même sens que la propriété. En étendant le cercle des besoins et des désirs que le travail peut satisfaire, elle fournit de nouveaux stimulants aux forces productives de l'homme social et tend de plus à augmenter par là, d'abord la masse de l'approvisionnement, puis les avantages que la société en retire par l'échange et par la division du travail.

En même temps, elle introduit dans la famille un principe singulièrement propre à y développer les sentiments et l'esprit qui doivent en être l'âme, et à lui imprimer ce caractère de permanence dont elle manque dans l'état de nature.

Grâce à l'hérédité, la famille embrasse à la fois plusieurs générations, et l'influence morale qu'elle exerce toujours sur les enfants, au lieu de finir au moment de leur émancipation, se continue pendant toute la vie des parents et jusqu'après leur mort.

Grâce à l'hérédité, la famille est maintenue en faisceau après le décès de son chef, et le lien de la parenté, quoique affaibli en s'éloignant de sa source et en se transmettant par des alliances, conserve cependant assez de force pour unir et grouper ensemble des êtres qui, sans cela, eussent vécu dans l'isolement, tout à fait étrangers les uns aux autres.

Il est difficile de dire ce que seraient la propriété et la famille sans ce complément que les hommes y ont partout ajouté. Si certaines catégories sociales ont été, à diverses époques et en divers lieux, soumises à des lois exceptionnelles qui excluaient à leur égard, en tout ou en partie, l'application du principe d'hérédité, c'est qu'elles étaient privées, en même temps et dans les mêmes limites, du droit de propriété ; quant à leur vie de famille, elle subissait l'influence de tant de causes diverses non moins anormales, qu'il n'a guère été possible de l'étudier au point de vue qui nous occupe ici.

Tous les peuples qui ont fondé un état social régulier ont admis dans leur législation le principe de la transmission héréditaire des biens ; ils n'ont été en désaccord que sur la forme et sur le degré d'extension qu'il convenait de lui donner. Tous ont reconnu, dans des proportions et sous des conditions qui varient à l'infini suivant les temps et suivant les lieux, deux sortes de successions : celle des héritiers librement choisis par le propriétaire, et celle des héritiers que désigne la loi elle-même dans la famille du défunt, d'après le degré de parenté.

L'assentiment universel des races humaines est acquis au principe de l'hérédité aussi bien qu'à celui de la propriété. Le problème de constituer la propriété et la famille sans l'hérédité n'a pas été résolu jusqu'à présent; il est probablement insoluble.

Les saints-simoniens, qui prétendaient avoir trouvé la solution de ce problème en théorie, ont ensuite reconnu hautement leur erreur, les uns, en abjurant tout à fait une doctrine sur l'inconséquence de laquelle ils ne pouvaient se faire illusion, les autres, en proclamant l'émancipation de la femme, c'est-à-dire la dissolution de la famille, comme conséquence logique et inévitable de la suppression de l'hérédité.

Et sur quoi se fondait cette secte de démolisseurs, sur quoi se fondent aujourd'hui ceux qui marchent sur leurs traces, pour demander l'abolition de l'hérédité? Sur une prétendue justice distributive qui consacrecrait au fond une suprême injustice.

Les choses auxquelles s'applique le droit de propriété n'ayant été produites qu'en vue de ce droit et grâce à l'activité qu'impriment aux facultés productives l'établissement et la garantie de la propriété, ce qu'un homme a produit sous l'impulsion d'un tel mobile ne peut appartenir qu'à lui; nul autre ne saurait y avoir des droits ni pendant la vie, ni après la mort de ce producteur. Mais comme l'hérédité, une fois introduite, accroît puissamment l'énergie du mobile mis en œuvre par l'institution de la propriété et contribue, pour une part considérable, à former la masse d'approvisionnement qu'une génération transmet à celle qui lui succède, il est évident que les héritiers du propriétaire défunt ont plus de droits que personne à la portion de cet approvisionnement qui leur est attribuée, puisque, sans eux, sans le droit éventuel que la loi leur avait accordé, cette portion n'aurait pas été produite, ou aurait été dissipée.

Riche par ses propres efforts ou par héritage, le père de famille ne conserve sa richesse qu'en vue de l'avenir, et tout ce qui prolonge pour lui cet avenir accroît par cela même sa disposition à l'épargne. Or, c'est par l'épargne que s'accumulent, pour le plus grand avantage de la société, les instruments du travail et les moyens de subsistance du travailleur.

L'hérédité, en prolongeant indéfiniment l'avenir auquel le père de famille peut pourvoir par son travail, grossit donc nécessairement la masse des épargnes ; et supprimer l'hérédité, ce ne serait pas rendre aux travailleurs une portion de richesses qui, d'ailleurs, n'a jamais pu leur appartenir ; ce serait appauvrir la société de toute cette portion, sans aucun profit pour personne.

CHAPITRE VI.

L'inégalité sociale.

Nous avons organisé la société à peu près complètement; toutes les pièces essentielles y sont, excepté une, qui est la clef de la voûte et dont je parlerai plus tard. Arrêtons-nous maintenant pour examiner les diverses catégories que l'établissement de la propriété a fait naître parmi les hommes.

Les choses auxquelles s'applique le droit de propriété sont de deux espèces : des terres que l'on a mises en culture, ou sur lesquelles on a bâti des maisons, puis des produits de tout genre, destinés soit à satisfaire les besoins naturels ou factices de la société, soit à servir d'instruments de travail pour créer d'autres produits. A vrai dire, il y a beaucoup d'analogie entre ces deux sortes de biens, dont les uns s'appellent fonds et les autres capital, car les bâtiments sont de vrais capitaux immobiliers, et les terres arables tirent leur principale valeur des capitaux qu'on y a dépensés pour les rendre productives. Cependant, l'usage a prévalu de nommer propriétaires ceux auxquels appartiennent les fonds, la richesse immobilière, et capitalistes ceux qui possèdent les capitaux, la richesse mobilière.

Ces richesses, comme chacun sait, sont très inégalement réparties, dans l'état actuel des choses, entre les divers membres de la société, quelques-uns ayant abondamment toutes les superfluités de la vie, tandis que d'autres sont à peine pourvus du strict nécessaire.

Quelles sont les causes de cette inégale répartition ?

Dès le premier âge de l'état social, les inégalités naturelles ont dû produire les inégalités sociales. Tous les travailleurs n'étant pas également forts, également intelligents, ni également actifs, les uns ont pu accumuler beaucoup, tandis que d'autres produisaient peu au delà de ce que réclamaient leurs besoins du moment, et que d'autres, enfin, soit qu'ils ne produisissent pas plus qu'ils ne devaient consommer, soit qu'ils consommassent indûment tout ce qu'ils produisaient, n'accumulaient rien du tout.

A ces premières inégalités qui, ayant leur cause

dans les lois de la nature, n'ont jamais cessé et ne cesseront jamais de se produire, s'en sont bientôt ajoutées d'autres, résultant des mille accidents qui peuvent atteindre la fortune du propriétaire ou les moyens d'existence du travailleur.

Puis l'hérédité, en permettant à chaque famille d'ajouter aux fruits de son propre travail et de ses propres épargnes ceux du travail et de l'épargne des générations antérieures, a rendu les riches plus riches qu'ils ne l'auraient été à son défaut, sans toutefois rendre les pauvres plus pauvres, si ce n'est en imagination et par le contraste.

L'hérédité, puisqu'elle augmente considérablement la masse des choses produites par le travail et soustraites par l'épargne à la consommation immédiate, contribue évidemment au bien-être de la société entière, notamment dans la classe la plus pauvre; mais en même temps, elle a pour effet d'accumuler beaucoup de richesses dans certaines familles.

Dans un pays où les distinctions et les privilèges fondés sur la naissance n'existent plus, il n'y a proprement pas de classes, et les catégories basées sur la fortune se fondant les unes dans les autres, il n'est pas possible de fixer la limite où l'une commence et où l'autre finit. Cependant, on peut reconnaître d'une manière générale trois degrés de richesse, correspondant, lorsqu'ils sont nettement caractérisés, à trois positions sociales essentiellement différentes.

Au premier degré je place les propriétaires et les capitalistes qui, pouvant vivre largement de ce qu'ils retirent de leurs fonds ou de leurs capitaux, en affermant les premiers et en plaçant les seconds à intérêt, sont dispensés de les faire valoir eux-mêmes par le travail. Ce sont les riches.

Au second degré se trouvent les propriétaires et les capitalistes, qui ne se procurent une honnête aisance qu'à la condition d'exploiter par eux-mêmes leur fonds ou leur capital, quelquefois aussi le fonds ou le capital d'autrui. Ils forment la classe moyenne.

Le troisième degré est celui des travailleurs qui, n'ayant à leur disposition ni terres ni capitaux, sont réduits à vendre leur travail pour vivre. Ce sont les salariés.

Je parlerai plus loin du rôle que remplit, dans l'état social, chacune de ces trois catégories de personnes; je ne les mentionne séparément ici que pour bien constater, en l'analysant, ce fait de l'inégalité sociale, dont il s'agit maintenant d'indiquer les effets généraux.

Le désir de s'élever au-dessus de sa condition présente, d'acquérir une position sociale supérieure à celle qu'on occupe, est sans contredit un des mobiles les plus puissants de l'activité humaine, un mobile auquel nous sommes tous accessibles.

Pour que ce mobile n'agisse pas il faut, ou que toutes les positions soient à peu près égales, comme dans les sociétés à l'état sauvage, ou que les positions inférieures soient séparées des supérieures par une barrière infranchissable, telle que la servitude personnelle des sociétés antiques.

Mais, dans l'état social, tout travailleur libre aspire à s'élever; c'est là le but plus ou moins exclusif, plus ou moins constant de sa vie active, aussitôt qu'il a pourvu aux nécessités présentes de son existence.

Or, ce but, il peut l'atteindre par la violence, par la fraude, par l'intrigue ou par le travail, et comme, dans une société régulière, la violence et la fraude sont impossibles, comme l'intrigue est au fond une espèce d'industrie, un travail d'une nature particulière, qui exige des talents naturels ou acquis fort peu communs, le travail productif demeure, pour le plus grand nombre des individus appartenant aux catégories inférieures, le seul moyen praticable de parvenir au but en question.

L'inégalité est donc une puissante excitation au travail productif; et j'entends ici par travail productif tout emploi des facultés physiques ou intellectuelles qui a lieu en vue d'un résultat utile à celui qui s'y livre ; les méditations du penseur n'en sont pas plus exclues que les fatigues du laboureur et de l'artisan. Il n'y a point d'efforts d'attention ou de génie, point de déploiement d'adresse ou de vigueur musculaire, qui ne puisse produire, chez l'homme social, le désir de s'égaler à ceux que leurs travaux ou le bonheur de la naissance ont placés au-dessus de lui.

L'inégalité est au travail ce que le courant d'air est à la combustion, l'élément qui l'active et l'entretient sans relâche, tant que la matière combustible ne fait pas défaut.

Et rien ne peut remplacer un tel stimulant, parce qu'il agit sans interruption et sans exception, dans les cas même où le stimulant des appétits physiques et celui des affections de famille ont perdu leur action ou ne l'ont jamais exercée. L'orgueil est un sentiment plus vivace, un moteur plus universel et plus constant que la sensualité et l'amour paternel.

La plus extravagante des idées socialistes, c'est celle de l'égalité absolue ; la plus inconcevable de toutes les folies, c'est celle des hommes qui prétendent organiser la société sur une telle base. On peut à la rigueur se représenter quelque émulation et quelques efforts d'activité parmi les membres

d'une communauté d'où la propriété serait exclu
mais où subsisteraient des rangs, une hiérarchi
une échelle ascendante de conditions ; avec l'ég
lité absolue, aucune émulation ne serait plus po
sible, si ce n'est celle de la paresse, aucun effo
si ce n'est de la part des violents et des fourb
pour s'arroger sur les faibles et les simples, p
force ou par ruse, une supériorité cent fois pl
oppressive et plus humiliante que celles qu'
aurait détruites.

CHAPITRE VII.

Les riches.

Je n'entends point ici plaider la cause des riches, ni les disculper de ce que leur reprochent à tort ou à raison les ennemis de la propriété. Bien plus, je reconnais avec ceux-ci que la fortune est souvent très mal placée ; qu'elle élève et comble de jouissances beaucoup d'hommes qui en sont peu dignes, tandis que la vertu et le génie végètent parfois dans la pauvreté ; que, même à mérite égal, il y a quelque chose de pénible et de choquant dans le contraste que présentent la condition de l'homme qui est né riche, et celle de l'homme qui est né pauvre ; en un mot, que l'ordre créé par les lois de la propriété n'est pas un ordre essentiellement moral, en ce sens qu'il n'est pas toujours conforme aux idées de justice distributive que la conscience universelle du genre humain regarderait comme les meilleures et les plus vraies.

Je reconnais pareillement que la plupart des propriétés ont augmenté considérablement de valeur, dans le cours des temps, par des causes tout à fait indépendantes de la volonté des propriétaires, en sorte que ceux-ci jouissent d'une opulence dont l'épargne et le travail de leurs auteurs ne sont pas les seules sources.

Ainsi, la rente des terres a été en augmentant à mesure que la valeur des produits agricoles s'est élevée, c'est-à-dire à mesure que la population et, par conséquent, la demande des produits du sol, s'est accrue. La rente des maisons, surtout dans les villes fermées, a éprouvé, par de semblables causes, un accroissement tout pareil, et il n'est point rare que des terrains, couverts de constructions ou propres à en recevoir, acquièrent tout à coup, grâce à des voies de communication nouvelles établies dans un intérêt général, une valeur double ou triple de celle qu'ils avaient eue jusqu'alors.

En présence de ces faits incontestables, on a pu regarder avec quelque raison la propriété comme un privilège arbitrairement réparti, et les propriétaires comme des oisifs, dont chaque progrès social augmente les jouissances et les revenus, sans qu'ils y contribuent par aucun labeur ni par aucun sacrifice.

Mais ces vices, il faut aussi le reconnaître, sont

tellement inhérents à la propriété, qu'on essaye-
rait en vain de les en bannir. Toute atteinte grave
portée à des conséquences aussi directes du principe ébranlerait le principe lui-même et paralyse-
rait plus ou moins son action salutaire sur le développement de l'état social.

Il n'a pas manqué de publicistes et de législateurs qui ont cherché des palliatifs aux abus les
plus choquants de l'inégale distribution des richesses, et quoique ces recherches n'aient pas été
fructueuses jusqu'à présent, il est probable qu'elles
occuperont toujours bon nombre d'esprits; mais il
est douteux qu'elles aboutissent jamais à un résultat praticable, qui laisse parfaitement intact ce
qu'il y a d'essentiel dans le droit de propriété.

Il en est de cette institution comme de tout ce
que l'humanité organise de bon et d'utile, que
dis-je, comme de tous les bienfaits que nous rece-
vons de la nature. Partout le mal, l'excès, l'abus
neutralisent, au moins partiellement, le bien qu'on
attend des meilleures choses.

Ne naissons-nous pas inégaux, et les dons les
plus précieux, la santé, la force, l'intelligence, la
beauté, ne sont-ils pas accordés souvent aux êtres
qui ont le moins de valeur morale? Si la mer porte
nos vaisseaux, ne lui arrive-t-il pas aussi de les engloutir? Si les fleuves arrosent nos campagnes, ne

les inondent-ils pas quelquefois ? Si le soleil mûrit nos récoltes, ne les dessèche-t-il pas trop souvent ?

Nous traiterions d'insensé l'homme qui, dans ses prières, demanderait à l'auteur de la nature de tarir les fleuves ou d'éteindre le soleil ; le sont-ils moins ceux qui, dans leurs écrits, demandent au législateur d'abolir la propriété ?

Il ne me sera pas difficile de démontrer que le riche, alors même qu'il use de son droit exclusif avec dureté et qu'il jouit librement de sa fortune sans avoir souci des besoins qu'il n'éprouve pas, remplit dans le mouvement social un rôle fort utile, des fonctions très importantes, dont sa position lui permet seule de s'acquitter à l'avantage de tous.

D'abord, il y a peu de riches qui méritent, personnellement et d'une manière absolue, cette qualification d'oisifs que l'on a pu leur donner collectivement d'une manière relative, c'est-à-dire par rapport aux travaux dont leur fortune et leurs revenus sont le résultat. La plupart d'entre eux emploient leurs facultés et leurs loisirs à satisfaire des goûts intellectuels auxquels la civilisation est redevable de mainte conquête et de maint progrès.

Dans les sciences, dans les arts et jusque dans les manies les plus étranges, le riche est pourvu de deux moyens de perfectionnement et de succès qu'aucun effort de patience ou de travail ne saurait suppléer, c'est le loisir et le pouvoir. Le loisir permet à son esprit de s'absorber tout entier dans la recherche du vrai, du beau, du complet, indépendamment de toute considération d'utilité immédiate ; il fait naître le besoin de la perfection en toutes choses ; tandis que le pouvoir fait converger vers une direction donnée des efforts individuels dont le concours était seul capable de produire l'œuvre, le résultat voulu, avec une certaine perfection.

Chacun sait ce que les sciences ont gagné par l'expérimentation et par l'observation ; or, les instruments qui servent à l'une, les collections et les voyages qui servent à l'autre, ne s'obtiennent qu'à l'aide du pouvoir que procure la fortune.

Qu'on ne dise pas que des associations particulières, ou l'État lui-même, pourraient ici remplacer l'action individuelle des riches. Cela est vrai, jusqu'à un certain point, une fois que la direction est imprimée aux esprits dans le sens des recherches et des efforts qu'exige le besoin de perfection en toutes choses, mais ce besoin ne peut naître et se développer que chez les individus, sous l'influence des loisirs et de la liberté d'esprit que donne la fortune.

Il en est de même quant aux arts libéraux. Le sentiment du beau, le culte de la forme, est essen-

tiellement individuel ; il peut se propager, par la
jouissance fréquente des chefs-d'œuvre, chez toute
une classe, même chez tout un peuple ; mais il a
dû se former d'abord chez le petit nombre de ceux
que leur position mettait en état de le satisfaire.

Les arts, comme les sciences d'observation et
d'expérience, ont dû leurs premiers progrès et
peut-être leurs progrès les plus saillants à la protection individuelle des hommes de loisir. Il a
fallu que cette protection s'exerçât et que des œuvres d'intelligence et de talent s'accumulassent
entre les mains de ces premiers protecteurs, pour
que le goût de telles œuvres se répandît et que la
société éprouvât collectivement le désir d'ajouter
ou de substituer sa protection à celle des particuliers.

Là vie active comporte bien la jouissance et
même jusqu'à un certain point la culture des sciences ou des arts, comme délassement ou comme
intermède, chez une nation qui les honore depuis
longtemps, et chez des hommes dont l'esprit ou le
goût est déjà formé par l'étude des œuvres de
science ou d'art ; mais la première impulsion a
toujours dû être donnée par des hommes de loisir, et cette impulsion doit continuer de se faire
sentir pour que le mouvement ne s'arrête pas. Le
flambeau allumé par eux s'éteindrait entre les

mains des hommes voués à la vie active, de ceux
surtout qui cherchent dans un labeur manuel leurs
moyens d'existence.

Cela est si vrai, que la participation seule de ces
classes, venant en concurrence avec celle des
hommes de loisir, diminue et ralentit, plutôt qu'elle
ne le favorise, l'essor qui produit les grandes créations scientifiques ou artistiques.

Ni la science, ni surtout l'art, ne gagnent à être
vulgarisés.

Dira-t-on que j'érige en règle générale ce qui
n'est qu'une exception, et que fais honneur à la
classe riche en général d'une action civilisatrice
qui n'émane que d'un petit nombre d'hommes
d'élite ?

Qu'importe, si la fortune seule a pu disposer
ces hommes d'élite à exercer une telle action et les
en rendre capables ?

Mais le rôle du riche ne se borne pas à ce que
je viens de dire. Sans parler de ceux qui, engagés
dans une carrière active, contribuent immédiate-
ment à la production en dirigeant eux-mêmes l'exploitation de leurs terres ou de leurs capitaux, il
n'en est presque pas un qui, dans la poursuite des
jouissances que son revenu lui permet de se procurer et dont son éducation, ses loisirs, quelquefois
sa vanité, lui font un besoin, ne rende un éminent

service à la société dont il fait partie et ne contribue puissamment aux progrès de la civilisation

Pour nous en convaincre, supposons que tout à
coup les riches, renonçant à leurs habitudes et
leurs besoins factices, prennent la résolution de se
nourrir, de se vêtir et de se loger comme les plu
simples travailleurs. Que feront-ils du surplus d
leurs revenus? Ils l'épargneront, direz-vous. Oui
mais leurs capitaux, journellement accrus par cett
épargne, à quoi les emploieront-ils et comment le
feront-ils valoir?

Dans l'état actuel des choses, le capital don
chaque pays peut disposer est consacré en parti
à produire le nécessaire pour toute la population
en partie à produire le superflu pour ceux qui l
désirent et qui peuvent se le procurer. Or, cett
dernière partie, dans notre hypothèse, deviendra
sans emploi, ainsi que tous les travailleurs qu'ell
met en œuvre. Il faudrait donc que ce capital et c
travail, sous peine de demeurer improductifs, s'ap
pliquassent aussi à la production de ces nécessité
de la vie, devenues le seul objet de consommatio
pour le riche aussi bien que pour le pauvre. Il a
riverait alors de deux choses l'une :

Ou bien la population n'augmenterait pas, et c
surcroît de production ferait tellement baisser l
prix des nécessités de la vie que, les frais de cett

production n'étant plus couverts, les capitaux qu'on y consacrerait ne rapporteraient plus aucun profit; ou bien la population s'accroîtrait, et l'exploitation du sol devenant, come la science et la pratique s'accordent à le démontrer, de moins en moins avantageuse à mesure qu'on exige un produit brut plus considérable, les capitaux, de même que dans le cas précédent, finiraient par ne plus rien rapporter à leurs possesseurs.

Ainsi, le résultat de notre hypothèse serait, quoi qu'il arrivât, d'amener peu à peu les riches à consommer des capitaux dont l'épargne ne serait plus profitable et dont le revenu irait chaque jour diminuant, de réduire d'autant la somme totale des richesses du pays, de priver, par conséquent, de leur travail et de leurs moyens d'existence tous les travailleurs dont l'industrie ne concourt pas à la production des choses nécessaires.

Et quelle société, que celle dont les membres ne consommeraient que le nécessaire? Quelle civilisation, que celle d'où les besoins factices et, par conséquent, le luxe, l'élégance, les jouissances raffinées seraient entièrement bannis !

Il arrive un momont, dans le développement de l'état social, où la population, la culture du sol, la richesse, la civilisation ne sauraient plus faire un seul progrès sans le luxe.

A cela je sais que les socialistes ont une répons
toute prête.

Faites que la richesse, au lieu de s'accumule
entre les mains d'un petit nombre de familles, soi
répartie entre tous les membres de la société, e
sorte qu'aucun d'eux ne soit réduit au strict né
cessaire. La jouissance du luxe étant mise à la por
tée du plus humble travailleur, la civilisation n'
perdra rien, et la somme du bien-être social y ga
gnera énormément.'

Les socialistes n'oublient qu'une chose, c'es
que si la propriété, l'hérédité et, par conséquent
l'inégale distribution des richesses et leur concen
tration dans les mains d'un nombre limité de fa
milles n'avaient pas été fondées, les richesses don
ils parlent si à leur aise n'existeraient pas, et l'éta
social n'aurait point atteint ce stage de civilisatio
où le luxe devient à la fois possible et nécessaire

CHAPITRE VIII.

La classe moyenne.

La classe moyenne possède, en France, la majeure partie des terres et des capitaux ; elle dispose en outre, par son crédit, d'une portion notable de ceux qui ne lui appartiennent pas. C'est la classe laborieuse par excellence, car, dans le travail qui lui incombe, elle exerce à la fois ses organes physiques et ses facultés intellectuelles ; bien plus, elle développe et applique ses facultés morales, puisque l'honnêteté et l'économie sont les bases du crédit personnel dont elle a constamment besoin.

C'est d'elle que dépendent essentiellement la mise en œuvre des fonds productifs; la circulation des produits, la répartition des richesses entre les diverses classes qui concourent à la production. D'une main, elle distribue aux ouvriers leurs sa-

laires ; de l'autre, elle paye aux propriétaires le
rentes et aux capitalistes leurs intérêts.

Agissante et possédante, elle représente à la
les intérêts du travail et ceux de la propriété.
cée entre la classe des salariés et celle des rich
elle se recrute sans cesse dans celle-là et four
continuellement à celle-ci de nouveaux membr
car l'espace qu'elle occupe sur l'échelle soc
n'est pas une station où l'on s'arrête, c'est une c
rière que l'on parcourt, avec plus ou moins de
pidité et de succès, pour arriver de la station i
rieure à la station supérieure ; c'est le chemin
mène de la condition infime des simples ouvr
à la condition élevée des hommes de loisir.

Le rôle que joue la classe moyenne dans le
veloppement de l'état social est d'une telle imp
tance, qu'il a toujours été décisif pour l'avenir
sociétés. La civilisation n'a recommencé dans l'
rope moderne que du jour où la classe moyenn
est redevenue nombreuse et influente.

Voulez-vous savoir à quel degré de liberté,
prospérité, de civilisation, un pays est parve
Voyez à quel degré d'aisance, de culture in
lectuelle et de développement moral la cla
moyenne s'y est élevée. Le criterium est infailli

Les seules révolutions durables, fécondes, sa
taires, sont celles qu'accomplit la classe moyen

Celles qui se font malgré sa résistance, ou à la faveur de son inertie, ne produisent que de profondes perturbations accompagnées d'une alarme générale, et ne laissent guère après elles que des existences brisées, des fortunes compromises, d'amères déceptions et d'incurables défiances. Si l'on réussissait à déposséder la bourgeoisie de ses positions acquises, à la dépouiller de son influence, à former un gouvernement qui n'eût pas besoin de s'appuyer sur elle, c'en serait fait de l'ordre social ou de la liberté ; car, en dehors de cette classe, il n'y a que la force brutale destituée d'esprit dirigeant et l'esprit dénué de force, par conséquent anarchie ou despotisme ; anarchie, si la force brutale réussit à enchaîner l'esprit ; despotisme, si l'esprit parvient à dominer la force.

Aussi, voit-on la classe moyenne servir partout de point de mire aux ennemis avoués de l'ordre social et à ceux de la liberté politique. Attaquée par les premiers comme élément conservateur, opprimée par les seconds comme élément progressif, trouve dans cette double hostilité la meilleure justification de ses principes et de ses tendances.

Elle unit, concilie, confond dans son intérêt collectif les deux grands intérêts politiques des sociétés humaines : l'ordre et la liberté, la résistance et le mouvement, la stabilité et le progrès.

Riches, qui vous égayez parfois dans vos salons aux dépens du boutiquier, de l'artisan, du petit propriétaire; pauvres, qui poussez dans vos tavernes des cris de haine contre la bourgeoisie, félicitez-vous d'être séparés les uns des autres par cet intermédiaire, et gardez-vous de l'affaiblir et de le démocratiser, car du jour où il ne comptera plus commé classe et comme pouvoir, du jour où il ne vous empêchera plus de lutter corps à corps les uns contre les autres, de ce jour-là il n'y aura plus, en France, que deux régimes possibles : la Seigneurie féodale dominant sur des serfs soumis et désarmés, ou une Jacquerie permanente et le règne des *écorcheurs*.

CHAPITRE IX.

Les salariés.

Ceux dont les moyens d'existence consistent dans le salaire qu'ils reçoivent périodiquement pour un travail corporel, forment la classe des salariés.

Toute industrie a besoin, pour accomplir son œuvre, d'un certain travail, c'est-à-dire d'une certaine application de forces humaines, soit seules, soit aidées d'instruments plus ou moins compliqués. L'entrepreneur, celui qui dispose des fonds productifs, doit distribuer ces forces humaines, en diriger et en surveiller l'emploi, les combiner entre elles pour les faire converger vers le but et souvent y joindre les siennes propres, dans les parties du travail qui exigent le plus d'attention et d'expérience ; c'est le travailleur de la classe moyenne, le travailleur principal, dont toutes les facultés sont mises en jeu par l'entreprise à laquelle il préside. Les ouvriers, appliqués chacun à la tâche qu'il leur assigne, concourent avec lui, quoique non comme lui, au résultat qu'il obtient de son industrie, et si leur coopération est indispensable pour que la production et la circulation des richesses continuent de satisfaire aux besoins actuels et toujours croissants de la société, à plus forte raison cela est-il vrai de la coopération des chefs d'industrie, dont le travail ne saurait être remplacé par aucune machine.

Les ouvriers ont, du reste, moins de loisirs que les patrons qui les emploient, parce que, si leur travail est plus aisé, il est aussi plus continu, et comme il est en général aussi plus pénible, il ne laisse guère après lui qu'un très vif besoin de repos, de plaisirs sensuels, ou de bruyantes distractions, c'est-à-dire de jouissances peu compatibles avec l'étude et peu propres à développer, chez ceux qui s'y livrent, les facultés soit intellectuelles, soit morales.

Ce qui fait l'importance de la classe ouvrière, ce n'est donc pas le genre de travail qu'elle exécute, travail évidemment inférieur, par sa nature même et par son utilité absolue, non seulement à celui des travailleurs de la classe moyenne, mais encore à celui auquel les riches consacrent souvent leurs loisirs; ce n'est pas non plus le développement qu'elle donne à son intelligence, puisqu'elle est, à cet égard, moins favorablement placée que les deux autres classes.

Se distingue-t-elle par la moralité de sa conduite et par l'élévation de ses sentiments ? Peut-être à ce point de vue ne vaut-elle guère moins que la classe riche. Il est certains vices qui hantent de préférence les conditions extrêmes, parce qu'ils y échappent mieux à la sanction morale. Si le riche, en effet, brave quelquefois l'opinion, le pauvre l'ignore encore plus souvent, ce qui produit le même résultat.

Les hommes de la classe moyenne, au contraire, sont trop sous la dépendance de l'opinion publique, pour la braver ou pour l'ignorer. Aussi est-ce parmi eux qu'on trouve le plus de ces vertus sociales qu'aucune loi ne saurait imposer, le moins de ces vices dégradants qu'aucune sanction légale ne peut atteindre.

Mais ce qui fait l'importance de la classe ouvrière, le voici :

Elle est la plus nombreuse en même temps, grâce à la nature de ses travaux et à son genre de vie, celle qui développe le plus et qui exerce le plus continuellement sa vigueur corporelle ; de sorte que c'est en elle que réside la plus grande somme de forces physiques humaines dont le corps social puisse disposer.

Ce fait est grave, et il assigne un rôle collectif bien glorieux à ceux qui paraissent occuper indivuellement une position si infime.

Le peuple, car c'est ainsi que, prenant la partie pour le tout, on désigne communément aujourd'hui la classe ouvrière, le peuple fournit la majeure partie des soldats et les autres agents de toute espèce qui sont chargés de l'exécution des lois, de la protection des droits acquis et de la défense du pays contre l'étranger. Les défenseurs ordinaires de l'ordre légal, les gardiens orginaires de la propriété, sont presque tous pris dans cette catégorie de citoyens qui est, en apparence, la moins intéressée au maintien de l'ordre et à la conservation de la propriété.

Je répète que ce rôle est glorieux pour la classe ouvrière, parce qu'il la met au niveau des autres classes quant à l'importance des services que la civilisation en attend et en reçoit. La force corporelle s'ennoblit et s'élève en dignité lorsqu'elle se consacre ainsi à la protection des plus belles conquêtes de l'intelligence et des plus nobles créations de la sagesse humaine, lorsqu'elle prête son concours à l'esprit pour vaincre la matière, à la raison pour dompter les instincts aveugles, à la morale pour lutter contre les passions désordonnées.

Cependant, la classe ouvrière serait dans une

complète erreur si elle s'imaginait, en agissant de la sorte, faire abnégation de ses propres intérêts. Pour elle, comme pour la classe moyenne et pour les riches, l'état social est préférable à tout autre, et la civilisation est un bienfait qui vaut amplement les sacrifices qu'il impose. Ceci, je pense, n'a plus besoin d'être démontré. Il n'y a pas, dans un pays tel que la France, un seul ouvrier, quelque nécessiteux qu'on le suppose, qui voulût échanger sa condition actuelle contre celle qui lui serait échue s'il fût né parmi les sauvages, ou seulement dans une société barbare.

Or, cet état social et ce bienfait de la civilisation n'existent que grâce à l'institution de la propriété, de la famile, de l'hérédité, parce que, sans tout cela, l'homme n'eût jamais travaillé que pour satisfaire ses besoins du moment et n'eût jamais créé de richesses; par conséquent, la division du travail et l'échange n'eussent jamais été possible.

Heureusement, bon nombre de salariés sont capables de comprendre à merveille cette coïncidence de leur intérêt avec celui des autres classes. Ce sont, d'abord, ceux qui possèdent, en effets mobiliers, ou sous une autre forme quelconque, un petit avoir, fruit de leurs épargnes ou de celles de leurs parents; ceux qui ont acquis par les mêmes voies un champ, une chaumière, la moindre parcelle du sol qu'ils cultivent et défendent ; ceux enfin qui , sans posséder rien eux-mêmes, tiennent par leur famille au capital ou à la propriété. Ce sont ensuite ceux qui, laborieux, tempérants et habiles, peuvent raisonnablement nourrir l'espoir de s'élever un jour, ou de voir s'élever leurs enfants à la condition de propriétaire ou de capitaliste, vivant du produit de sa terre ou de son capital.

En dehors de ces deux catégories, la bonne conduite et l'activité peuvent encore améliorer la condition du travailleur, mais elles ne suffisent point toujours à le préserver d'un abaissement excessif du salaire, ou des chômages accidentels auxquels toute industrie est exposée.

Pour ceux que de telles causes plongent dans la misère, la résignation est difficile, et les privations, le dénûment sont de mauvais conseillers. Ce sont pourtant les travailleurs de cette dernière catégorie qui souffrent les premiers de toute atttcinte portée à la propriété, soit par d'imprudentes lois, soit par des violences illégales, puisqu'ils n'ont aucune réserve pour les chômages éventuels et que l'effet le plus immédiat et le plus inévitable de pareilles atteintes est de produire un chômage presque général, en diminuant la demande de tous les produits et en faisant disparaître une grande partie des capitaux employés à la production.

Quelle est, dans les cas extrêmes, la ressource du pauvre ? C'est la bienfaisance du riche. Mais pour que cette bienfaisance puisse être efficace, il faut, d'un côté, que le nombre de ceux qui sont forcés d'y recourir ne s'augmente pas outre mesure, d'un autre, que le riche ne soit pas menacé dans sa position et dans sa fortune. Attaquer la propriété pour détruire la misère, c'est tuer la poule aux œufs d'or. Si quelque chose peut combattre avec succès la misère et lui imposer des limites étroites, ce n'est pas la propriété morte et abandonnée, c'est la propriété vivante et garantie. Ceux qui tiennent un autre langage sont les ennemis du pauvre autant que du riche.

CHAPITRE X.

Le gouvernement.

Quand l'institution de la propriété a rendu possible l'échange, la division du travail, l'approvisionnement des travailleurs et l'accumulation de la richesse, l'édifice de l'état social n'est pas encore achevé ; il y manque une pièce aussi importante et aussi indispensable que toutes celles dont j'ai parlé jusqu'à présent. Il faut que les lois qui forment l'essence de cet état social soient sanctionnées, c'est-à-dire que la société, qui les a établies, en réprime la violation et les fasse observer de gré ou de force par tous ses membres.

C'est là, c'est dans cette intervention du corps social pour la protection des droits de propriété, que gît la garantie et, par conséquent, l'existence pratique de ce droit, qui, autrement, ne serait qu'un mot.

Mais cette intervention n'est possible que si le

corps social est capable de vouloir et d'agir collectivement, comme personne morale distincte des
individus, en un mot, s'il est organisé en État politique et représenté par un gouvernement.

A vrai dire, l'existence d'un gouvernement quelconque a dû précéder tout le reste, car il a bien
fallu, pour que les hommes renonçassent à l'état
d'isolement et fissent le sacrifice partiel de leur liberté absolue, qu'une autorité eût été reconnue
par eux comme organe de leur volonté collective
et eût reçu le pouvoir de faire converger leurs efforts vers la réalisation de cette volonté. Mais ce
gouvernement, de même que les autres éléments
essentiels de l'état social, a dû être d'abord très
imparfait, puis se développer et se compléter successivement à mesure que la société devenait plus
nombreuse, plus éclairée, plus riche et que, par
conséquent, la complication des rapports sociaux
et le nombre des lois destinées à régler ces rapports allaient en augmentant.

Dans un pays comme la France, très avancé en
civilisation, la masse des richesses mobilières accu-
mulées entre les mains des particuliers est si considérable, la circulation des hommes et des choses
est si active, la population est tellement agglomérée
dans les villes, les points de contact et les conflits
d'intérêts sont si multipliés entre les individus, que

le besoin de la protection du gouvernement s'y fait sentir à chacun et dans chaque instant de la vie.

Cette protection n'est pas moins nécessaire au pauvre qu'au riche, à l'ouvrier qu'au propriétaire. Les uns et les autres ne pourvoient à leur subsistance de chaque jour et ne conservent leur liberté individuelle, que par l'action constante des autorités qui sont chargées d'exécuter la loi du pays. On s'en convaincra aisément si l'on songe à la quantité innombrable de transactions qu'exige, par exemple, l'approvisionnement journalier d'une grande ville, et à la surveillance continuelle que la police doit y exercer, pour empêcher que le faible ne soit opprimé ou dépouillé par le fort.

Suspendez un instant cette action de la loi, cette garantie effective des droits individuels, aussitôt, les transactions cessent, les produits de toute nature sont retirés de la circulation et consommés ou enfouis par les producteurs, la luxure et la cupidité, armées tantôt de la violence, tantôt de la ruse, foulent à leurs pieds la faiblesse et l'innocence ; plus de liberté, plus de sécurité pour les femmes, pour les enfants, pour les vieillards ! Le mot chaos peut seul donner l'idée de ce que deviendrait en peu de temps une cité riche et populeuse par la suppression du régime légal.

Il est donc de l'intérêt le plus vital, pour la so-

ciété entière et pour chacun de ses membres, non
seulement que l'existence du gouvernement ne soit
jamais interrompue ni compromise, mais aussi que
le gouvernement soit fort, qu'il soit capable en tout
temps d'assurer l'observation des lois et de garantir les droits acquis.

Ceux-là mêmes que leurs passions rendent les
plus hostiles à toute contrainte légale, et qui rêvent
la suppression des gouvernements comme un régime
de liberté idéale et absolue, ne tarderaient guère
à regretter l'état de choses qu'ils auraient aboli ;
car l'anarchie leur profiterait à peine quelques
jours et amènerait bientôt la destruction de toute
richesse, de toute civilisation, de toute sécurité et,
par conséquent, de tout bien-être, pour les forts et
les violents aussi bien que pour les faibles et les
timides.

Aujourd'hui, chez les nations les plus civilisées de
l'Europe, et surtout en France, chacun jouit de toute
la mesure de liberté compatible avec l'état social, de
cette liberté qui consiste à faire de ses facultés
l'usage qu'on juge convenable, sans rencontrer
d'autre gêne que celle de lois qui obligent tout le
monde, ou de conventions qu'on a faites soi-même.

Il n'en était pas ainsi pendant les différents stages
qu'a parcourus la civilisation avant l'époque ac-
uelle, et si l'on remonte jusqu'aux temps de la

barbarie, on y voit la liberté être le lot exclusi
d'un petit nombre, de personnes, qui imposaien
arbitrairement leur volonté à toutes les autres.

Mais, afin que ce régime de liberté pour tous pû
s'établir, il a fallu que la pratique du gouvernemen
se perfectionnât. La protection des autorités, devant s'appliquer à un plus grand nombre de rapports sociaux et de personnes différentes qu'auparavant, exigeait une organisation plus complète
des pouvoirs plus étendus, exercés avec plus de
promptitude et de régularité. Il en est du gouvernement comm d'une machine, qui dépense plus de
forces et dont les rouages se multiplient et les
mouvements se compliquent, à mesure qu'elle
doit produire une plus grande somme d'effets distincts et donner une plus grande masse de produits.

L'accroissement de la richesse, en créant une mul
ltitude d'intérêts et de droits nouveaux, n'en a pas
moins contribué à rendre l'action du gouvernement
plus nécessaire, plus continue et plus compliquée

Être libre, c'est-à-dire n'avoir pour limites de ses
volontés qu'une loi qui est la même pour tous;
jouir de certains biens matériels, intellectuels et
moraux que l'état social peut seul procurer, voilà ce
qui forme l'apanage commun de tous les membres
de nos sociétés civilisées. Quelques inégalités que

la nature, la fortune et l'éducation aient introduites entre eux, ils participent tous à ces deux sortes d'avantages et se trouvent tous, par cela même, à une incommensurable distance de l'état d'isolement.

Or, ce double bienfait n'existe, ne dure et ne peut s'accroître que par l'action incessante d'un gouvernement.

L'organisation sociale ne serait qu'une idée, une vaine conception de l'esprit humain, sans l'organisation politique. C'est par le jeu régulier du mécanisme gouvernemental qu'elle devient un fait, une réalité, qu'elle prend vie et et consistance.

Ébranler ou affaiblir le gouvernement, c'est donc ébranler ou affaiblir l'ordre social tout entier. On ne peut pas attenter à l'existence de ce qui garantit sans compromettre du même coup l'existence de la chose garantie.

Le gouvernement est, pour l'état social, comme la clef de la voûte, dont la solidité fait la force de tout le reste. Les meilleures lois, les institutions le plus habilement combinées en vue du bien-être et du progrès de la société, ne sont rien avec un gouvernement trop faible pour en assurer l'application.

Mieux vaudrait mille fois un gouvernement fort avec des lois moins parfaites.

CHAPITRE XI.

Le droit et le devoir politiques.

Chaque société a incontestablement le droit de se donner le gouvernement qu'elle préfère et d'en changer quand bon lui semble. En s'organisant politiquement, elle ne s'engage qu'envers elle-même et, par conséquent, elle peut toujours revenir sur un tel engagement.

Mais, en fait, ce que veut à cet égard une société entière, ou seulement une grande majorité de ses membres, s'accomplit toujours, et aucun gouvernement ne saurait subsister sans l'assentiment du plus grand nombre de ceux qu'il est appelé à régir.

Par cela seul donc qu'une nation ne-fait rien, comme nation, pour renverser son gouvernement, on doit en conclure qu'elle l'accepte et ne veut pas en changer.

Qui pourrait soutenir et surtout prouver le contraire? Et lors même qu'une grande majorité de la

ation serait notoirement mécontente de son gou-
ernement et aspirerait à en changer la forme ou le
ersonnel, ne reste-t-il pas la question des moyens
employer, sur laquelle, plus que sur toute autre,
importe que la nation se prononce explicitement,
arce que cette question mal résolue peut rendre
lusoire la solution donnée à la première et déjouer
ntièrement les vues de la majorité mécontente?

De ce qu'il se manifeste, dans certaines classes
'une nation et dans certaines localités d'un pays,
es symptômes d'aversion contre les hommes qui
ouvernent, contre le système que suivent ces hom-
es, ou contre la constitution dont ils tiennent
urs pouvoirs, il est déjà très peu logique de con-
lure que la nation, c'est-à-dire la majorité des in-
ividus en âge d'avoir un avis sur de telles ma-
ères, ne veut plus de ces hommes, de ce système,
u de cette constitution.

Mais pousser le raisonnement plus loin, et aller
usqu'à conclure, de ces symptômes équivoques et
artiels de mécontentement, que la majorité de la
ation approuve l'emploi de moyens violents, qu'elle
eut le triomphe de la force brutale, qu'elle se ré-
igne à tout, même à subir quelques jours les hor-
eurs de l'anarchie, même à être gouvernée ensuite
espotiquement par les premiers venus, plutôt que
e supporter davantage son gouvernement actuel,

certes c'est fouler aux pieds toutes les lois de
raison humaine, et ceux qui se fondent sur une p
reille hypothèse pour lever l'étendard de la révo
commettent la plus audacieuse et la plus coupab
usurpation de titres et de pouvoirs que jamais
code pénal ait prévue et définie.

Si c'est un droit pour la société de se donner
gouvernement qu'elle préfère et d'en changer qua
il lui plaît, c'est un devoir non moins évident, po
chaque membre de la société, de se soumettre à
loi et aux autorités établies, jusqu'à ce que la volon
du plus grand nombre se soit clairement et réguli
rement prononcée pour la transgression de ce
loi et contre le maintien de ces autorités. Entre
droit et ce devoir, la corrélation est manifeste. Q
deviendrait le droit de la société, si une minor
quelconque pouvait légitimement se l'arroger,
une petite fraction du peuple avait le droit de re
verser par la force brutale un gouvernement q
lui résiste et d'usurper par un coup de main l'exc
cice de ce pouvoir social, qui ne réside et ne p
résider que dans l'ensemble de la nation ?

La rébellion de la part d'un individu est érig
en délit par toutes les lois des nations civilisées ; e
devient un crime, quand elle est commise à for
ouverte. Changera-t-elle de caractère, parce qu
au lieu d'être le fait d'un seul homme, elle au

pour auteurs mille, dix mille, cent mille émeutiers ?
— Non, tant que ces mille, ces dix mille, ces cent
mille ne formeront pas la majorité du pays et n'auront aucun titre, aucune mission pour se dire les
organes et les représentants de cette majorité.

L'insurrection, il faut le dire bien hautement, est
un crime de lèse-société. Quand elle est couronnée
de succès, les charlatans qui l'ont suscitée, les ambitieux qui en profitent, l'exaltent à l'envi comme
une révolution nationale aussi glorieuse que salutaire, et la société, ayant horreur du désordre et de
l'anarchie plus que de toute autre chose, accepte
le fait accompli, se rallie au gouvernement qui en
est le résultat et paraît ainsi ratifier, par son consentement tardif, des actes qu'elle n'eût jamais permis
si elle avait eu le temps de s'y opposer. Mais tout
cela ne saurait changer la nature de ces actes, ni
atténuer en aucune façon la criminalité de l'insurrection.

Le respect de la souveraineté nationale, de la loi
qui en est l'expression et des autorités qui en sont
les organes, est compatible avec la légitimité de
l'insurrection. Il faut choisir entre ces deux choses.

Si vous proclamez le respect de la loi comme un
devoir, n'approuvez l'insurrection dans aucune circonstance et sous aucune forme.

Si vous glorifiez l'insurrection, n'espérez pas que

le peuple respecte en aucun temps ni la loi, ni ceu
qui l'ont faite, ni ceux qui l'exécutent. Vous lui in
culquez un principe qui s'appelle anarchie, et qu
défiera tous les efforts que vous ferez ensuite pou
établir, sur des bases de plus en plus populaires
un gouvernement fort et, par conséquent, durable

On ne fait pas une société régulière avec des idée
anarchiques, et ce n'est pas en détruisant dans le
esprits la notion de droit, qu'on assure l'avenir d'un
organisation destinée à protéger tous les droits.

Si les principes que j'expose sont vrais à l'égar
de toute espèce de gouvernement, combien ne l
deviennent-ils pas davantage sous un régime dé
mocratique, lorsque le suffrage universel fournit
la nation entière un moyen parfaitement légal d
manifester périodiquement sa volonté? Ici, l'in
surrection d'une minorité n'aurait plus, pour s
justifier, l'apparence d'un prétexte, et la majo
rité elle-même serait inexcusable de recourir à c
moyen pour obtenir, dans la constitution ou dan
le gouvernement, les changements dont elle recon
naîtrait la nécessité. Ceux qui, sous un tel régime
exécutent, organisent, ou dirigent une insurrec
tion, ne peuvent être mûs que par ces passion
haineuses et implacables, sous l'empire desquelle
on a vu, de tout temps, certains hommes se décla
rer les ennemis de la société dont ils faisaient par

tie et travailler sans relâche à la détruire, au risque d'être eux-mêmes écrasés dans sa chute ; ou bien, ce sont des ambitieux qui, trop impatients pour s'élever par des voies légales en conquérant peu à peu l'estime et la confiance d'une majorité d'électeurs, exploitent une popularité de bas étage et jouent à la révolution comme *à croix ou pile*, également prêts, s'ils réussissent, à exercer le pouvoir aux dépens de ceux qui le leur auront procuré, et s'ils succombent, à s'enfuir par le plus court chemin, en laissant derrière eux les conspirateurs subalternes qu'ils auront compromis et les hommes d'action dont ils auront fait leurs instruments.

7.

CHAPITRE XII.

L'essence et la forme du gouvernement.

J'ai montré comment le gouvernement est nécessaire pour donner une réalité pratique aux rapports et aux droits qui caractérisent l'état social par opposition à l'état d'isolement, en d'autres termes, pour rendre possibles l'échange, la division du travail et l'accumulation des richesses, en garantissant le droit de propriété avec toutes ses conséquences et dans toutes ses applications. C'est là le but principal, la raison d'être de tout gouvernement, et en même temps le criterium d'après lequel on doit juger ceux qui existent.

Si les hommes se sont réunis en sociétés, c'est pour jouir des avantages inhérents à l'état social ; une fois en possession de cet état, ils aspirent sans cesse à le développer et à le perfectionner, afin d'accroître et de multiplier les avantages qu'ils en retirent. En instituant un gouvernement, ce qu'ils ont eu en vue a donc été principalement d'assurer le maintien et le développement progressif de l'état social. Tout mécanisme gouvernemental est essentiellement bon, s'il atteint complètement ce but; il est défectueux, s'il ne garantit qu'imparfaitement les droits qui servent de base à l'état social, ou s'il arrête la société dans la voie du progrès, en paralysant les moteurs qui la poussent en avant.

L'expérience nous apprend que ce but essentiel peut fort bien être atteint par des gouvernements de formes très diverses, et la réflexion suffirait pour nous faire penser qu'une même forme doit produire des effets très différents, selon qu'elle est appliquée à tel peuple ou à tel autre.

Qu'une certaine forme soit indiquée par le raisonnement comme parfaite, ou même qu'elle ait été appliquée avec succès chez un certain peuple, ce n'est donc pas une raison suffisante pour qu'on doive l'introduire chez un autre peuple et en attendre un résultat pareil; ce n'est surtout pas un motif suffisant pour abolir une forme différente, qui a subi l'épreuve du temps, et qui s'est montrée parfaitement propre à remplir le but essentiel pour lequel les gouvernements sont institués.

La forme n'est qu'un moyen d'atteindre le but proposé. Aspirer à la forme pour la forme, c'est

prendre le moyen pour le but et sacrifier l'esse[…]
à l'accident.

La plupart des questions de législation consti[…]
tionnelle, qui se discutent avec tant de vivacité […]
nos jours, ne doivent leur importance qu'à l'ou[…]
de cette distinction si simple et si vraie entre l'[…]
sence et la forme du gouvernement. On est par[…]
san de la république ou de la monarchie, bi[…]
moins à cause des résultats qu'on en attend pour […]
société, que par l'effet de sympathies qui s'[…]
tachent exclusivement à la forme, ou de princi[…]
abstraits dont on la fait théoriquement découl[…]

Combien n'existe-t-il pas de gens éclairés, q[…]
regardent comme un progrès social absolu tou[…]
extension des droits politiques et tout développ[…]
ment des libertés constitutionnelles, sans se d[…]
mander jamais à quoi servent ces choses, si ell[…]
sont tellement excellentes en elles-mêmes qu'[…]
doive les désirer en tout temps et les obtenir à to[…]
prix, si elles ne sont pas plutôt des moyens, d'[…]
emploi souvent pénible et toujours onéreux, d'a[…]
river à une autre chose indubitablement excelle[…]
en elle-même, l'ordre social; moyens qui ne pe[…]
vent évidemment tirer leur valeur et leur utili[…]
que de leur aptitude à procurer cette chose, c'e[…]
à-dire à remplir le but pour lequel ils ont été i[…]
ventés et en vue duquel ils sont pratiqués !

C'est ainsi que le droit électoral, le droit d'association, la liberté de la presse, ont été présentés tantôt comme des droits inhérents à l'homme, antérieurs à toute société, par conséquent inaliénables et absolus, tantôt comme des institutions intrinsèquement belles, dont le développement devait être le but du progrès social, le point de mire des législateurs, l'objet principal des vœux et des efforts d'une nation éclairée. Erreur funeste, aussi nuisible à la civilisation et à la prospérité des peuples libres, que le despotisme peut l'être à celles des peuples qui subissent encore son joug.

Les droits politiques ne sont que des garanties constitutionnelles, utiles en tant qu'elles garantissent réellement la société contre les fautes, la corruption, les abus de pouvoir auxquelles tout gouvernement est sujet, inutiles en tant qu'elles dépassent ce but, nuisibles quand, au lieu de l'atteindre, elles produisent un résultat contraire ; et l'expérience n'a que trop démontré que de ces trois suppositions ce ne sont pas les deux dernières qui se réalisent le moins souvent.

L'essence du gouvernement, c'est d'abord, de représenter la volonté du corps social en créant et perfectionnant les institutions sans lesquelles l'état de société n'eût jamais pris naissance ou ne pourrait se maintenir; c'est ensuite d'employer efficacement les forces de la société à réaliser les institutions établies, en assurant à chaque individu le libre exercice des droits qu'elles lui attribuent.

Quand ce double résultat est obtenu, l'ordre social existe, majestueux édifice, dont l'échange, la division du travail, la propriété, l'hérédité, la famille, forment la base, et dont la civilisation va sans cesse enrichissant et ornant les diverses parties de tout ce que l'esprit et le cœur de l'homme peuvent produire de grand, de beau et d'utile.

CHAPITRE XIII.

L'ordre moral et l'ordre social.

J'ai reconnu que la répartition des richesses, telle que nous la voyons s'opérer sous le régime des lois qui constituent essentiellement l'état social, amène quelques résultats peu conformes à l'ordre moral et qui répugnent à la conscience humaine. En cela, comme chacun sait, les lois du monde physique ne sont guère plus irréprochables que celles de l'ordre social, et les caprices de la nature excitent autant de murmures et de plaintes que les caprices de la fortune.

Mais, dans l'un comme dans l'autre cas, les plaintes du genre humain sont hors de toute proportion avec l'intensité réelle du mal, et les véritables victimes ne sont pas celles qui murmurent le plus haut.

Je n'ai pas à défendre ici les lois de la nature, dont il est pour le moins inutile d'accuser l'injustice, puisque nous n'y pouvons rien. Quant aux lois de la société, tout observateur non prévenu se convaincra sans peine que leur effet le plus général est d'appliquer un principe qui est en harmonie parfaite avec notre nature d'êtres moralement libres, le principe de la responsabilité ; car elles attachent à certaines vertus et à certains vices des conséquences bonnes ou mauvaises, qui ne manquent presque jamais d'en récompenser ou d'en punir la pratique persévérante.

Il est rare, peut-être, que la probité, l'activité, la tempérance, l'économie, suffisent pour élever un homme de la misère à l'opulence ; mais il est encore plus rare que ces vertus soient déployées avec continuité dans une condition moyenne sans la transformer en une condition brillante ; il est probablement sans exemple qu'elles n'aient pas amélioré la condition la plus humble, ou procuré des moyens de salut dans la situation la plus désespérée.

D'autres vertus, plus nobles et plus précieuses que celles-là, telles que le désintéressement, l'humanité, la loyauté, paraissent moins aptes à nous ouvrir le chemin de la fortune, si même elles ne contribuent pas quelquefois à nous le fermer. Les exemples ne manquent pas, il faut en convenir, d'hommes avides, cruels ou perfides, qui réussissent ou prospèrent.

Toutefois, si l'on étudiait avec attention la vie et la carrière active de ces hommes, on trouverait qu'ils ont pratiqué, à côté de leurs vices, la plupart des vertus qui sont un gage de succès, et que, s'ils ont réussi, c'est à ces vertus plutôt qu'à ces vices qu'ils en sont essentiellement redevables.

La fourberie, la cupidité, l'inhumanité, dégagées du frein que leur imposent l'esprit d'ordre, la tempérance, le goût du travail et cette espèce de probité calculée qui a sa source dans le respect humain, ne conduisent pas à la fortune; elles conduisent au bagne.

De même, si l'on examinait avec soin et dans ses moindres détails la conduite des hommes qui paraissent avoir été plongés dans une infortune imméritée par des causes indépendantes de leur volonté, on découvrirait bientôt que la paresse, l'intempérance ou d'autres vices ont eu leur part d'influence dans cette infortune.

Il est dur de s'accuser soi-même, encore plus dur de se corriger. De là, cette propension des malheureux à mettre sur le compte de l'ordre social, ou de ce qu'ils appellent le hasard, une destinée qu'ils se sont préparée eux-mêmes.

Je voudrais que ces prétendues victimes de l'ordre social, examinant de bonne foi leur conduite passée, voulussent bien s'adresser les questions suivantes :

Ai-je toujours profité comme je l'aurais pu des occasions qui se sont présentées d'améliorer ma condition? N'ai-je pas maintes fois sacrifié à des appétits sensuels, ou laissé perdre par ma négligence, ou dissipé par mon désordre des ressources que le travail et l'économie auraient fait fructifier? Ne m'est-il jamais arrivé d'éloigner de moi, par des procédés que m'inspirait un orgueil excessif ou injuste ressentiment, les hommes qui voulaient et pouvaient m'être utiles? Enfin, la vanité, la paresse, des affections désordonnées, des passions dont je n'ai pas essayé de me rendre maître, ne m'ont-elles pas égaré dans le choix de ma vocation, ou entraîné à des dépenses qui n'étaient proportionnées ni à mes besoins réels, ni à mes moyens d'existence?

Je me trompe fort, si cet examen de conscience ne mettait pas fin aux neuf-dixièmes des plaintes qui s'élèvent contre l'ordre social.

Non, quoique les lois constitutives de la propriété amènent une répartition très inégale, parfois monstrueusement inégale, des richesses, elles consacrent beaucoup moins de véritables iniquités qu'on ne le pense communément.

Les inégalités, je l'ai déjà dit, sont un bien; elles sont le moteur qui fait avancer la civilisation; sans elles, les richesses mêmes qu'il s'agit de répartir ne seraient pas produites. Si quelques injustices pro-

ement dites sont l'inévitable conséquence de cette
partition, il faut en prendre son parti, comme on
prend de ce que la grêle détruit parfois la récolte
u cultivateur honnête et humain, en épargnant
lle du fourbe ou du méchant; de ce que certains
ommes naissent difformes, maladifs, ou privés d'or-
nes essentiels, tandis que d'autres naissent beaux,
goureux, bien constitués; de ce que la mort, enfin,
appe si souvent le père de famille vertueux avant
célibataire dissolu, le fils qui était le soutien, la
ie, l'orgueil de sa mère, avant le libertin qui ruine,
flige et déshonore ses parents.

Ne voyez-vous pas que ce partage inégal et capri-
eux des bienfaits de la nature rend absolument
mpossible ici-bas la réalisation complète de l'ordre
oral, à moins que les plus mal partagés ne reçoi-
ent leur appoint en espérances ?

En espérances ? Le mot étant lâché, je ne le re-
rendrai point, quoique les idées qu'il réveille ne
ient guère à leur place dans cette exposition mé-
odique de vérité tout expérimentales, et dussent
es croyants se scandaliser de voir la religion, le pre-
ier, le plus grand intérêt de l'humanité, représen-
e comme une chose subsidiaire, comme le com-
lément de l'ordre social.

M'adressant à un public dans lequel les sceptiques
bondent, je voudrais pouvoir convaincre ceux-ci

de la suprême utilité des croyances religieuses ; mais, retenu par la crainte d'employer un langage qu'ils ne veuillent pas entendre, ou qui n'ait sur leur âme aucune prise, je me borne, pour tout développement de ma pensée, à leur donner humblement le conseil que voici :

Observez avec soin la vie de l'homme qui jouit sans espérer et celle de l'homme qui espère sans jouir, et jugez lequel des deux goûte le plus constamment cette satisfaction intime, ce repos de l'esprit et cette paix de l'âme qui constituent le vrai bonheur. Mieux encore : Proposez à l'homme qui espère sans jouir d'échanger son sort contre celui de l'homme qui jouit sans espérer, en d'autres termes, demandez au premier de vendre son âme, de compromettre son salut, pour acquérir les jouissances qui font l'unique bonheur du second, et voyez avec quel dédain votre proposition sera rejetée.

Si cela est vrai, il faudra bien convenir que l'appoint dont j'ai parlé, loin d'être chimérique ou insuffisant, a plus de valeur qu'il ne lui en faut pour que l'ordre moral soit réalisé dans l'ordre social, et pour que la conscience humaine se réconcilie entièrement soit avec les caprices de la fortune, soit avec ceux, bien plus fréquents et plus cruels, de la nature.

CHAPITRE XIV.

Conclusion.

Je pourrais, comme tant d'autres, après avoir exposé des notions qui choquent beaucoup de préjugés et d'erreurs en vogue, me ménager une retraite en faisant parade d'intentions philanthropiques et en convenant qu'après tout *il y a quelque chose à faire*, formule singulièrement commode pour ceux qui ne veulent s'engager à rien tout en ayant l'air de promettre beaucoup. Mais, plus les passions enrôlées sous la bannière de l'erreur se montrent hostiles et violentes, moins il me paraît convenable et opportun d'émousser le tranchant de la vérité. Je dirai donc, sans autre préambule, qu'*il n'y a rien à faire*, au moins de la part de l'État, qui puisse modifier d'une manière sensible et durable les conditions respectives des diverses classes de la société, rien qui ressemble le moins du monde à ce

8.

que proposent les socialistes. Tout ce qu'on peut raisonnablement attendre de l'État, c'est, d'abord, qu'il s'interdise autant que possible de consommer improductivement les capitaux du pays et d'intervenir, d'une manière nuisible à la production, soit dans les rapports qui s'établissent entre les différentes catégories de travailleurs, soit dans les échanges par lesquels s'opère la circulation du capital et des produits ; c'est, ensuite, qu'il continue de garantir pleinement et strictement les droits qui sont la base de l'état social, qui ont amené la civilisation au point où nous la voyons aujourd'hui et qui en assurent le développement ultérieur.

S'abstenir et maintenir, voilà, quant aux intérêts matériels et en ce qui touche l'organisation de la société, le rôle qui appartient à l'État, les principes qui doivent le diriger dans son action législative et administrative.

Que la classe ouvrière ne se flatte donc plus d'obtenir de la loi ce qu'aucune loi ne peut lui donner, et qu'elle cesse de prêter l'oreille à des prédications insensées, qui ont pour effet immanquable de lui faire paraître sa condition présente mille fois plus intolérable qu'elle ne l'est en réalité.

Il n'est point vrai, surtout en France, que la pauvreté soit le lot ordinaire des ouvriers actifs, sages et prévoyants ; mais il n'y aurait pas un riche qui

e pût se croire pauvre, s'il portait envie à ceux
ont la fortune est supérieure à la sienne, ou s'il se
ersuadait que leur opulence est le résultat d'un
ol commis à son préjudice.

Lorsqu'on envisage les diverses conditions so-
iales dans leur ensemble, on découvre aisément
ue les éléments du bonheur n'y sont point répartis
roportionnellement aux revenus, et que chacune
'elles possède certains avantages qui ne se trouvent
as dans les autres. Plus d'un ouvrier refuserait
'échanger la sienne contre celle du marchand qui,
ssis toute la journée derrière son comptoir, attend
es pratiques, et ne réussit guère à s'enrichir sans
ourir la chance de se ruiner.

Nous profitons tous de la civilisation et nous avons
ous un immense intérêt à ce qu'elle ne soit pas ra-
ntie dans sa marche, ou arrêtée, ou forcée de rétro-
rader, par l'effet de perturbations qui, en mena-
ant la propriété et en alarmant les détenteurs
ctuels du capital, frappent de langueur et de para-
ysie la production et la circulation des richesses, au
rand détriment de toutes les classes de travailleurs.

Tout se tient tellement dans l'ordre social, qu'on
e peut ébranler aucune de ses parties sans que
'édifice entier ne s'en ressente. Qu'une révolution
ffaiblisse le gouvernement; aussitôt, la propriété
e trouvant moins garantie, les échanges se ralen-

tissent, le travail productif est interrompu et l'ap-provisionnement, c'est-à-dire le capital, cesse de s'accumuler, puis se détruit en partie et devient insuffisant pour maintenir et alimenter la classe ouvrière. L'électricité ne se propage pas plus certainement ni plus rapidement à travers une chaîne de corps conducteurs, que la secousse imprimée à l'une des bases de l'ordre social ne se communique à toutes les autres.

Si encore cet ébranlement général devait profiter à quelqu'un ! Si la classe ouvrière pouvait en attendre quelque soulagement durable, ne fût-ce que dans l'avenir ! Mais c'est là une espérance chimérique dont le plus simple raisonnement suffit pour démontrer l'absurdité, et dont l'expérience ne tarderait pas à faire justice.

Vous pouvez bien, par une loi, obliger les détenteurs actuels du capital à s'en dessaisir, pour le mettre à la disposition d'une autre classe de travailleurs. Mais, ces nouveaux détenteurs, quel usage en feront-ils?

Vous dites qu'ils l'emploieront productivement pour s'enrichir, eux et leur postérité. Alors, vous rétablirez donc le droit de propriété à leur profit, et votre réforme sociale n'aura consisté qu'à transformer les ouvriers en capitalistes et les capitalistes en ouvriers, c'est-à-dire à bouleverser aujourd'hui l'ordre social pour le reconstituer demain sur les mêmes bases !

Refuserez-vous aux nouveaux possesseurs de la richesse les garanties qui en avaient favorisé l'accumulation entre les mains des détenteurs primitifs? Alors, expliquez-nous par quels mobiles, par quels stimulants nouveaux vous obtiendrez de ceux-là qu'ils conservent, qu'ils fassent fructifier un capital dont les profits ne leur seront point attribués exclusivement.

La seule chose, dans cette hypothèse, qu'on puisse affirmer avec certitude, c'est que les fruits du travail et de l'épargne de bien des années seraient consommés en quelques semaines, peut-être en quelques jours. Quant à l'épargne et au travail qui devraient combler cette lacune et reproduire la richesse consommée, je ne vois pas de qui vous pourriez les attendre, à moins que vous ne possédiez les moyens de réformer l'homme lui-même, en substituant à ses instincts les plus naturels des sentiments d'abnégation et de fraternité qui n'ont été, jusqu'à présent, chez toutes les races humaines, que de rares et passagères exceptions.

Je le répète, il faut accepter l'ordre social avec les bases essentielles sur lesquelles il a toujours reposé, afin qu'il aille se consolidant et se perfectionnant de plus en plus par le concours des forces et de l'intelligence de tous les membres de la société ; car c'est de là seulement que tous, le pauvre comme le riche, l'ouvrier comme le capitaliste, peuvent attendre leur bien-être présent et l'amélioration de leur sort dans l'avenir.

S'il suffisait à des vérités d'être simples pour devenir populaires, celles que je viens d'exposer auraient la meilleure chance d'obtenir cet honneur.

Je n'ose m'en flatter, sachant par expérience quels redoutables auxiliaires fournissent à l'erreur les passions de la multitude. Mais l'erreur ne triomphera pas sans que le peuple apprenne tôt ou tard à ses dépens lesquels étaient véritablement ses amis, de ceux qui le nourrissaient de chimériques espérances, ou de ceux qui s'efforçaient de lui enlever cet aliment délétère et de lui en inspirer le dégoût.

FIN.

TABLE DES MATIÈRES.

St-Denis. — Imprimerie Ch. LAMBERT, 17, rue de Paris.